9-18

Criar y jugar

Criar y jugar

Elisenda Pascual i Martí

URANO

Argentina – Chile – Colombia – España
Estados Unidos – México – Perú – Uruguay

Este libro está pensado para
acompañarte en ciertas
situaciones con las que puedes
encontrarte en tu día a día
durante la etapa de crianza.
Incluye temáticas variadas para
que te centres en aquellos aspectos
que te sean más útiles,
y está escrito con la intención de
poder acompañar a tus hijas e
hijos con todo el amor y el respeto
que necesitan como personas,
puesto que el primer espacio
terapéutico es el hogar.

Índice

La sustancia de la relación educativa

Presentación
Por REMEI ARNAUS MORRAL
Universitat de Barcelona

La experiencia de la investigación me lleva una y otra vez a destacar un hilo conductor, a veces más subterráneo, a veces más explícito, de aquello más fundamental y elemental de la educación: educar es un acto de amor y generosidad a uno mismo y al mundo. Educar, enseñar, acompañar a criaturas tiene que ver con el deseo de cultivar en ellas una consciencia de sí en relación con el mundo —con lo otro de sí—. Para ello es imprescindible atender al ser de cada criatura en toda su integridad singular, algo sagrado que merece un respeto profundo y que no puede ser ofendido.

Este libro nos permite pensar esta necesidad de profundo respeto a las criaturas. Porque es este respeto el que les hace tener la seguridad y la confianza en los adultos, cualidades que son fundamentales para su crecimiento y su aprendizaje. Las criaturas necesitan esa relación dispar con los adultos. Una disparidad en la que se basa la relación de autoridad, una relación hecha de confianza real. Autoridad —que no es autoritarismo— viene de la palabra latina «augere», que significa acrecentar, «hacer crecer»; la persona adulta acompaña, enseña, sostiene, sitúa y posibilita que la criatura crezca por dentro y hacia fuera y tome lo que necesita para seguir avanzando. Por eso, la noción de autoridad remite originariamente a una cualidad creadora del ser; y no a una relación de poder, que impone más que escucha y que transita por el camino más corto de la relación.

Sin esta confianza real no puede vivirse el aprendizaje y la educación como un proceso verdadero de consciencia de sí y del otro, de la otra, del mundo. Sin esa relación fundamental para la vida —que ya hemos experimentado desde que nacemos de nuestra madre, y después con el padre—, se corre el riesgo de poner en el centro una enseñanza instrumental. Y aquí la relación de poder tiene un campo abonado, olvidando lo esencial que son las criaturas reales y vivas.

Sabemos de la fragilidad de las prácticas, de las contradicciones, de las equivocaciones. Y de la necesidad diaria de un trabajo interior, para seguir cultivando una disponibilidad renovada para ir al encuentro de unas criaturas vivas, que reclaman a sus maestras, a sus madres y a sus padres, que sigan estando ahí, abriéndoles preguntas imprevistas. Criaturas que buscan su apoyo, que necesitan un tiempo sosegado para ser y crecer, un crecer que no separa el vivir del aprender...

Este reconocimiento a otra mirada de la infancia que no sea decidir su vida y sus posibilidades y domesticar su cuerpo, su deseo de ser, requiere de los adultos hacer cuentas con los propios fantasmas y heridas emocionales. De este modo, podemos abrir dentro de nosotros un espacio de conciencia mayor de lo que nos pasa y tomar la responsabilidad de nuestro actuar con más libertad. Tomar la responsabilidad de nuestros obstáculos internos nos abre la posibilidad de contactar con nuestro interior, para sosegar los automatismos y la precipitación... Y a su vez, podremos contactar con lo que nos piden las criaturas para que puedan sentir, ellas también, ese contacto consigo, ayudándolas a descubrir y nombrar aspectos sustanciales de su vivir: acerca de lo que son, de las relaciones que viven, del mundo que les interesa descubrir y aprender...

Es un modo de sentirnos más libres, más sueltos para atender a su proceso de crecimiento, con la calma y con la actitud de escucha sensible que se percibe en los capítulos que siguen.

Introducción

En estos tiempos de tanta tecnología y falta de tiempo, que tengas este libro en tus manos me indica que te interesa transformar ciertos aspectos de tu crianza, ergo, de tu vida. Como madre o padre te habrás dado cuenta de la cantidad de transformaciones que se producen cuando llega el momento de responsabilizarte de un ser que acaba de llegar al mundo. Aparecen dudas e inseguridades que pueden acabar bloqueándonos si no encontramos cómo superarlas.

Este libro está pensado para acompañarte en ciertas situaciones con las que puedes encontrarte en tu día a día durante la etapa de crianza. Incluye temáticas variadas para que te centres en aquellos aspectos que te sean más útiles, y está escrito con la intención de poder acompañar a tus hijas e hijos con todo el amor y el respeto que necesitan como personas, sin por ello olvidarte totalmente de ti. Encontrar el equilibrio en un momento vital donde la presencia de tus hijos/as es tan notoria y tan demandante puede parecer difícil e incluso inapropiado. Tú sabrás qué es lo que sientes que necesitas, pero antes de juzgarte te invito a que te observes y te preguntes si cuentas con un buen tejido de apoyo en tu entorno, es decir, si las personas que te rodean te facilitan tu trabajo de crianza o si, por el contrario, la responsabilidad de maternar o paternar a tus hijos e hijas es vista como una tarea baladí que no justifica tu necesidad de sostén y de tiempo para ti.

La crianza respetuosa enfatiza los aspectos madurativos y evolutivos que tus hijos e hijas van a ir atravesando a lo largo de su desarrollo. Comprender cuáles son sus necesidades auténticas puede ayudarte a entender por qué piden lo que piden en ciertos momentos, y qué es lo que necesitan de ti durante ese proceso. Las neurociencias han aportado infinidad de información en el campo de la psicología evolutiva, transformando radicalmente el enfoque sobre el acompañamiento de la maduración de niños y niñas. Esta nueva mirada nos posibilita indagar más en la mente infantil y juvenil y conocer cuáles son sus mecanismos de funcionamiento: en qué etapas maduran distintas capacidades, qué necesitan en ciertos estadios, cómo perciben el entorno, qué esperan de las personas adultas que los rodean, etc.

El libro también pretende ser un trabajo que ponga luz a ciertos aspectos que se dan en las relaciones personales y en la forma que tenemos de mirar el mundo. Decimos que la crianza respetuosa genera personas sanas y amorosas porque permite que cada uno se muestre tal y como es, sin censuras ni juicios. Esto no significa —y lo vas a ir viendo a lo largo de los capítulos— que cualquier cosa que tu hijo o hija necesite vayas a dárselo. Pero qué distinto es decir un «no» a aquello que no es adecuado para su bienestar, a hacerle sentir que lo que desea es incorrecto. En estas páginas encontrarás de qué manera puede beneficiarte el poder **acoger a tus hijos/as tal y como son, pudiendo regular sus comportamientos sin tratar de cambiar su esencia**. Sé que suena complejo, pero es un camino que no vas a recorrer en soledad: estas páginas son una invitación a conocer otra forma de criar, donde el amor y el respeto marquen el compás. Desde esta forma de concebir la vida, me parece importante aclarar dos conceptos fundamentales en esta obra: el concepto de *familia* y el concepto de *género*.

La palabra ***familia*** abarca muchas realidades. ¿Puedo como madre soltera hacer uso de este libro? ¿Encontraré recursos para mí si soy un padre divorciado? Déjame decirte que el concepto *familia* es amplio y heterogéneo. Si estás pensando que como familia me refiero al modelo nuclear ortodoxo —y obsoleto, permíteme el atrevimiento— donde solo existe el padre, la madre y los hijos, olvídate de eso. Bajo ningún concepto la familia que aquí se va a trabajar excluye todos aquellos modelos familiares distintos a este, sino que los incluye, no los juzga y los respeta. Te darás cuenta, a medida que vayas leyendo, de que cada juego está pensado para un mínimo de dos personas y un máximo no determinado. Comprendo que las familias son organismos vivos que se van transformando y conformando a lo largo de su historia de vida, y no perduran como un ente estático y rígido que sigue unas normas cerradas. Así que, sea cual sea tu estructura familiar, este libro es para ti.

En cuanto al **género**, en el libro he prestado especial cuidado a no emplear el género masculino para referirme a todos los géneros que existen. No voy a tratar aquí de forma exhaustiva cuál es la visión de género actual, puesto que se escapa de la intención del libro, pero sí he querido atender al hecho de que existimos personas de géneros diversos que no tenemos por qué sentirnos identificadas constantemente con el masculino estándar que decreta la RAE[1]. Es por eso por lo que, aparte de esta introducción en la que he alternado dos géneros distintos —femenino y masculino—, cada capítulo va a estar escrito, íntegramente, en un género binario distinto (a pesar de que existan muchos más). En el capítulo específico sobre el género, explicaré un poco más acerca de esta temática y cómo poder acompañarla respetuosamente en el contexto de tu crianza.

Una vez aclarado esto, deseo que comprendas la finalidad y la profundidad de esta obra, que no es otra que la de **acompañar los procesos de vida de la forma más respetuosa y más auténtica que podamos, acogiendo e integrando las diferentes particularidades individuales dentro del acompañamiento familiar.**

---

1. Real Academia Española.

¿Por qué Juegos en familia?

El juego es una herramienta indispensable en nuestro desarrollo como especie humana. A través del juego, y desde nuestra infancia, aprendemos recursos y herramientas para poder lidiar con las situaciones que vayamos experimentando en nuestra vida. El juego activa nuestra creatividad y nuestra capacidad de improvisación. Jugar es una fuerza resultado de millones de años de evolución, y es totalmente preconsciente y preverbal. Esta fuerza es la que nos provee de nuestra capacidad adaptativa y la que nos conecta con el gozo del vivir.

Según Scott Eberle, historiador del juego, este posee unas cualidades determinadas que se repiten cíclicamente. De esta manera nos habla de fenómenos como la **anticipación**, la **sorpresa**, el **placer**, la **comprensión** —entendida como la adquisición de nuevos conocimientos— y la **fuerza** que generan una sensación profunda de equilibrio en la vida.

Investigaciones[2] tanto en el ámbito del desarrollo humano como en la zoología demuestran que el juego produce efectos en el cerebro que son necesarios para un mayor desarrollo en la vida. El juego activo estimula el desarrollo del sistema nervioso, así como de las áreas que procesan tanto las emociones como la toma de decisiones. Es por lo tanto lógico pensar que participar de esta actividad nos va a abastecer con mayores estrategias internas frente a nuestra experiencia vital.

Existe, no obstante, un matiz importante en referencia al juego, y es que no es solo la actividad *per se* la que posibilita una mayor habilidad en la vida, sino que es importante que **este juego incluya a otros seres humanos con los que poder interaccionar**. De esta manera, no es únicamente que preparemos un entorno rico en estímulos, actividades y propuestas lo que va a posibilitar que

---

2. Para más información te remito al libro *¡A jugar!*, de Stuart Brown (Ediciones Urano).

nuestras hijas crezcan con más recursos, sino la oportunidad que les brindemos de relacionarse con otros iguales y con nosotras como personas adultas.

Es comprensible que, a medida que vamos madurando evolutivamente, la necesidad de juego no sea tan imperiosa ni tan fuerte. El juego es un impulso biológico necesario para aprender recursos importantes, y toma más fuerza en nuestros primeros años de vida, puesto que el cerebro necesita desarrollarse muy rápidamente. Cuando vamos creciendo, nuestro cerebro disminuye el ritmo de crecimiento, y con ello, las ganas de jugar. De todas formas, me gustaría que respondieras a estas preguntas: ¿puedes recordar todo aquello que sentías al jugar? ¿Tienes recuerdos de tus aventuras lúdicas infantiles? ¿Cuál era tu juego favorito? ¿Con quién te gustaba jugar más? ¿Sientes algo parecido en algún ámbito de tu vida actualmente?

Es indispensable que los niños y las niñas jueguen durante horas, y ¿qué mejor que aprovechar este impulso para trabajar en familia aquellas dificultades que podéis experimentar en vuestro día a día? Reconectarte con el gozo del juego puede brindarte, ya no solo la oportunidad de ajustar aquellos temas que merecen una mirada extra, sino la reconexión con aquella fuente de placer de la que ya, prácticamente, no emana agua.

¿Cómo usar este libro?

En primer lugar debo decirte que **este libro, bajo ningún concepto, pretende ser un manual ni un recetario de familias felices.** No existe una fórmula mágica que tenga como resultado una crianza sencilla con un resultado óptimo, pero si algo se acerca a la idea de lograr bienestar y tranquilidad en tu día a día es la capacidad que desarrolles para poder acompañar a tus hijos e hijas desde el amor y la aceptación. A lo largo de los capítulos te vas a encontrar con conceptos que tal vez cuestionen tus ideales de maternar o paternar. No te pido que los tomes como verdades absolutas, porque no lo son de ninguna manera.

Esta mirada que te planteo es una opción más, una herramienta para que puedas aplicarla en momentos en que sientas que tus reservas se han terminado, y observar si te funciona para revertir las situaciones del día a día en que os encalláis. **Cuestionar tu actitud ante ciertas situaciones que se dan con tus hijos e hijas es un acto necesario para revisar tu rol en todo el proceso de crianza.**

Deja a un lado la culpa, la sensación de ser incapaz de cambiar lo que no te funciona, y trata de confiar en la posibilidad de acercarte a través del juego, en poder transformar todo aquello que sucede en tu relación con tus hijos y tus hijas. Si lo que emana de tu corazón cuando los acompañas es más parecido al amor que al odio, tengo motivos para pensar —como decía Winnicot— que eres una madre o un padre *suficientemente* buena y bueno. Ser referente de la crianza de tu hijo e hija es una tarea compleja que nadie enseña. Aprender de la mano de ese ser que llega al mundo es la mejor manera de hacerlo, y para ello necesitamos estar abiertas como personas adultas a cuestionarnos nuestra forma de vivir y de actuar. Ya no estamos solas, ahora existe alguien más a quien debemos la responsabilidad de amar, proteger y respetar. Estoy segura de que tratas de hacerlo de la mejor manera que puedes, que te esfuerzas en lograr una complicidad con ellos y ellas. Y aun así, con todo lo que te esfuerzas, a veces la rueda no gira en el sentido que te gustaría. Llegadas a este punto, tal vez es momento de parar y revisar cómo lo estamos haciendo. ¿No crees?

En los capítulos que siguen, vas a encontrar toda una serie de temáticas con las que puedes estar experimentando dificultades. En cada capítulo hay una breve introducción al tema en cuestión para situarte en un marco teórico que contenga la realidad que estás viviendo con tus hijas e hijos. Ahí verás que hablo de etapas evolutivas, de momentos del desarrollo, etc. Todo sencillo y con ejemplos para que te sea fácil identificarte con la situación. Además, cada capítulo tiene asociado un JUEGO EN FAMILIA para que tomes ideas de cómo poder trabajarlo en tu hogar.

La crianza que se da en el hogar es determinante para el bienestar de niños y niñas. Los mensajes y comportamientos maparentales[3] son críticos en el desarrollo infantil. Si eres madre o padre y estás leyendo esto, es importante que te des cuenta de algo: **tus hijas e hijos desean, por encima de todo, tu reconocimiento, tu mirada y tu amor.** Para ello van a ser capaces de cualquier cosa: ya sea portarse bien o mal, alcanzar las metas que les propones para cumplir tus expectativas, renunciar a sus deseos para complacer los tuyos, etc. Cada uno escogerá aquel camino que más presencia tuya le reporte y que más afín sea con su temperamento interno. Y a veces, será aquel que menos te guste.

Es importante que comprendas que **la salud mental de tus hijas e hijos empieza en tu hogar.** No es en la escuela, ni en las actividades extraescolares, ni en las consultas de psicólogas especializadas en infancia. Así que es de vital importancia que te sientas capaz de acompañarlos en las distintas situaciones que vivís en el día a día de la manera más coherente y respetuosa que puedas. Es en tu casa, en el seno de tu familia, en las dinámicas que establecéis y que se repiten diariamente cuando se gestan los valores que van a forjar a las personas adultas que serán. Tus hijos e hijas toman de ti todo aquello que les muestras, y no solo de tus palabras. De hecho, el gran porcentaje de mensajes maparentales que les llegan son a través de la comunicación no verbal —gestos, expresiones, posiciones corporales, tonos de voz, etc.—, ya que es este canal el que tienen más abierto y disponible durante su primera infancia —hasta los 7 años—, a la espera de que acaben de madurar las estructuras cerebrales que procesan la información abstracta del lenguaje. **Ellos y ellas van a ser un fiel reflejo nuestro, y para no disgustarnos con la imagen que nos devuelven, debemos ser muy conscientes de la que les proyectamos.**

---

3. Uso el concepto *maparental* para referirme tanto a lo que viene de las mamás como de los papás. Es un concepto creado que me gusta mucho por la versatilidad que ofrece al hablar de crianza, puesto que enfatiza la importáncia de las figuras tanto maternales como paternales en un mismo término.

A través de la lectura de los capítulos que siguen deseo que puedas aprender a poner límites con amor y respeto, a sostener sus enfados sin caer en el propio, a adaptar tu ritmo a sus procesos de vida, a comprender sus necesidades evolutivas sin sentir que les consientes todo el rato, etc. Tal vez todo esto te lleve a un lugar nuevo, diferente del que estás ahora. Si te sirve, te invito a que sigas profundizando en esta nueva perspectiva de acompañar la crianza; si no te sirve, suéltala y encuentra aquello que se adecue más a tu forma de ser, comprendiendo que tus hijos e hijas serán el termómetro que te va a indicar si es adecuado, o no, lo que les estás dando. Si los conflictos, los enfados, la tristeza, las dificultades, etc; no disminuyen, deberás seguir buscando la forma de generar paz en tu hogar. **Hacerlo igual que tus padres, o hacer lo opuesto de lo que tú recibiste, no te asegura acompañar con éxito las necesidades de tus hijos e hijas. La única manera de hacerlo es observarlos profundamente y escuchar sus demandas, más allá de lo que tu modelo de padre o madre te diga**. Si tu bebé te pide brazos, es porque lo necesita; si tu hija te quiere pegar, es porque lo que vive interiormente es demasiado grande para ella; si tu hijo no suelta la *tablet*, tal vez necesita conectar contigo a través del juego y de la risa. Indaga, pregúntate qué puede estar sucediendo y comprende que si quieres una realidad distinta deberás empezar a hacer las cosas de forma diferente.

Durante algunos años, en mi práctica profesional, he podido atender muchas de las consultas en el propio domicilio de las familias. De esta forma he podido ver, oler, palpar y sentir como eran las dinámicas internas en el hogar. La información que he llegado a obtener en estas sesiones ha sido de un valor altísimo. Poco a poco las demandas han sido tantas que he tenido que centralizarlo todo en mi consulta y he perdido el valor añadido de entrar dentro de las casas. Es desde esta nostalgia desde donde nace este libro. Lo he escrito para recuperar la sensación de estar contigo en tu día a día; para facilitártelo con herramientas y dinámicas que te apoyen en la gestión de los conflictos con tus hijos e hijas; para recordarte que te conectes con el amor que te hubiera gustado recibir y se lo puedas entregar a ellos y ellas sin saldos pendientes; para aportar mi granito de arena en el ámbito de la crianza y el bienestar familiar. En definitiva, este libro nace con la firme intención de acompañarte, siempre que lo necesites, en tu camino de crianza, porque tengo la firme convicción de que **nadie mejor que tú sabe lo que tus hijos e hijas necesitan, y nadie mejor que tú puede dárselo**. Y si no lo sabes, tan solo tienes que descubrirlo.

Así que te doy las gracias por estar aquí, por haber decidido adentrarte en una nueva mirada de acompañar la vida y por contribuir a que este mundo en el que vivimos tenga unos gramos más de amor, respeto y bienestar.

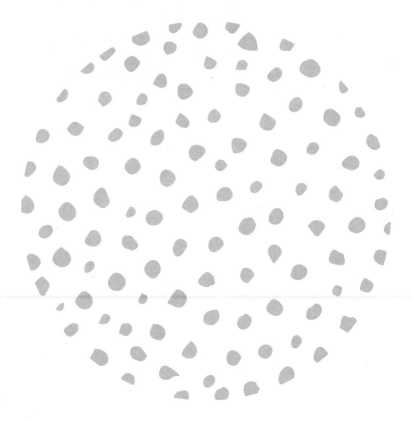

El modo en que mires a tus hijas será la manera
en que se mirarán ellas mismas.

Miradas que cuidan

Las personas, ya desde temprana edad, aprendemos a detectar qué comportamientos, reacciones, gestos, etcétera atraen o repelen la presencia de nuestras madres o nuestros padres. Es un mecanismo de supervivencia que nos acompaña desde que nacemos y está programado para mantener cerca a quienes detectamos que son los responsables de alimentarnos, amarnos y sostenernos. Las figuras de apego tienen un rol decisivo en la crianza y posterior desarrollo de esas bebés recién nacidas y frágiles. Las crías de la especie humana nacen sin la capacidad de valerse por sí mismas. Esto es debido a un proceso evolutivo en el que se cree que, al adquirir la verticalidad y un desarrollo superior del cerebro, el cuerpo de las madres no podría parir a sus crías si estas completaran su desarrollo de forma intrauterina. De esta manera, los seres humanos nacemos sin un desarrollo total. Acabamos de completarlo durante la **exterogestación,**[4] y al ser este un período muy sensible en el desarrollo humano, aprendemos a generar respuestas de afecto y agrado a estas figuras que pueden aportarnos esta seguridad y confort que necesitamos para un crecimiento óptimo.

---

4. La exterogestación se considera el período de nueve meses en el que los bebés necesitan ser porteados y mantenidos cerca del cuerpo de una figura que materne. En el caso de bebés lactantes, deben estar cerca de la fuente de comida con la finalidad de obtenerla cuando deseen. Los bebés exterogestantes están en proceso de desarrollo y maduración cerebral. Todavía no poseen la habilidad de desplazarse por sí solos, por lo que son incapaces de huir del peligro, ni pueden dirigirse a la fuente de alimento y seguridad cuando lo necesitan. Para que el proceso de desarrollo sea óptimo, estos bebés necesitan sentirse en un lugar amoroso y protegido. De lo contrario estarán activando su instinto de supervivencia, con lo que este arousal interno activado consumirá mucha de la energía destinada a la maduración y expansión neurológica y de desarrollo.

Los bebés nacen con una distinción muy clara entre el placer y el displacer. Cuando algo les agrada y les aporta bienestar, están en paz; cuando algo hace que estén fuera de ese lugar agradable, lo detectan y generan conductas que alertan a las figuras maternantes de la necesidad de su proximidad y presencia. Estas conductas han sido desarrolladas a lo largo de miles de años de evolución y cumplen una función específica. Cuando hablamos de bebés tan pequeñas, la conducta más importante es el llanto. El mensaje que transmite una bebé llorando es claro: algo le genera displacer. La bebé pequeña todavía no ha aprendido a generar otras conductas que no sean las instintivas para llamar la atención. De esta forma, cuando genera el llanto, las adultas sabemos que hay algo que le sucede y nos acercamos a ver qué es. Es de esta manera como ese ser con una necesidad muy grande de proximidad (recuerda que hablo de bebés de menos de nueve meses que no pueden desplazarse hacia el lugar donde estamos las adultas) nace con un mecanismo adaptativo para provocar una señal de alarma en su entorno. **El llanto despierta la mirada adulta**, y nos indica qué es lo que realmente nuestras hijas necesitan.

Pero ¿qué sucede cuando las adultas que maternan hacen caso omiso a estas señales? Si de forma reiterada no acudimos al llamado de los bebés, estos aprenden a desconectarse de su recurso instintivo. El llanto genera un desgaste de energía enorme. Cuando a un bebé se le deja llorar sin una presencia adulta que le transmita amor e interés, el sistema adaptativo de ese bebé —el hipotálamo[5]— le transmite un mensaje parecido a este: «Deja de llorar porque como sigas por ese camino vas a agotar las energías que te quedan y, visto lo visto, no sabes cuándo va a venir la persona que te nutre y te cuida. Así que más te vale quedarte calladita y sin moverte demasiado, no sea que te mueras de tanto pedir lo que necesitas». Así que esa bebé, deseosa de vivir, hace caso a su

5. El hipotálamo es una región del cerebro que, entre muchas funciones como la regulación hormonal, coordina las conductas relacionadas con la supervivencia de la especie.

centro de operaciones —el hipotálamo rige las conductas necesarias para la supervivencia de la especie— y acalla su conducta de petición. Lo que ese ser humano aprende es que es inútil transmitir su displacer porque nadie lo consuela, así que, de repetirse esa conducta a menudo, generará un hábito basado en acallar sus necesidades, puesto que el mundo que le rodea es hostil y no las acoge.

Desde los enfoques humanistas más basados en el cuerpo se trabaja con la personalidad humana en función de unas etapas evolutivas que comprenden distintas fases de nuestro desarrollo. Para este capítulo, y sin pretender hacer un ensayo psicológico, voy a describir las dos primeras —ocular y oral— para relacionarlas con la importancia de la mirada en la crianza de tus hijas.

La etapa ocular comprende desde el momento de la concepción hasta los nueve primeros meses de vida. Es uno de los momentos más sensibles de la vida de tu bebé. En esta etapa, el bebé necesita sentir que tiene el **derecho de existir**, de ser, de estar en tu vida. Todo el proceso del embarazo —su desarrollo intrauterino— es muy importante porque va forjando el temperamento (su predisposición a tomarse la vida) con el que va a nacer. Es por eso por lo que dos bebés gestadas en el mismo útero pueden tomarse las cosas de formas muy distintas, dependiendo de las vivencias que tengan durante ese período. Es de vital importancia en el inicio de esta etapa: cómo tomaste la decisión de concebir —fue deseada, espontánea, negada, etc.—, cómo le hablas, si le acaricias a través de tu piel, el vínculo de tu pareja en todo el proceso, si te sientes acompañada, comprendida y cuidada, etc. Todos estos sentimientos que vayas generando le llegarán a través de tu sistema nervioso y de tu sangre y se irán posando en su estructura en desarrollo.

Es un periodo en el cual la mirada va hacia dentro. **Todavía no le ves los ojos, pero no por ello no puedes mirarle**. En esta etapa tan inicial, y tan sensible para ambos, se van a gestar los primeros cimientos de su personalidad y de vuestro futuro vínculo. Por esa razón es indispensable cultivar esta conexión interna con el bebé. Escuchar los ritmos que te pide, los descansos, los mimos, caricias, palabras que le arropen, y todo ello con el sostén que la madre necesite, claro está, porque **las mujeres necesitan el apoyo de sus parejas o de sus comunidades para tener embarazos, partos y crianzas relajadas.**

El nacimiento es otro momento sensible para el desarrollo de tu hija y de tu maternidad. No voy a hablar sobre los pros y contras de cada tipo de parto. Estoy segura de que vas a escoger lo que mejor te convenga una vez que te hayas informado de las opciones de las que dispones. Lo que sí es importante es que, sea como sea el parto que elijas, cuides mucho el tipo de *inputs* que recibe la bebé que nace, porque de ellos depende que decida si el mundo al que llega es un mundo amoroso u hostil. Esos primeros momentos de la vida fuera del útero —su realidad conocida hasta el momento— son muy importantes para determinar su manera de afrontar la vida, y para el tipo de vínculo entre ambas. Las bebés, cuando nacen, paradójicamente, no saben que han nacido. Les lleva unos días acostumbrarse a esa nueva vivencia, y por eso necesitan estar bien cerquita de alguien con quien se sientan seguras y cuidadas. **La «luna de piel» es un trabajo maravilloso para generar un apego saludable y duradero**, así que te invito a que te tomes esos espacios de desnudez donde podáis oleros y sentiros a través de vuestras respectivas pieles. Desde ese espacio que se crea, el concepto de la mirada toma una dimensión nueva. Ahora que se encuentra fuera del vientre puedes conectar con sus ojos, que van adaptándose a mirar con una nueva perspectiva y, a la vez, puedes brindarle otra presencia más sensitiva: aquella que emanas de cada uno de los poros de tu piel. Ampliar el concepto de *mirar*, de *ver*, de *sentir* puede que te tome por sorpresa, pero te invito a que, a tu ritmo, te abras a ello.

La otra etapa, la oral, abarca desde el momento del nacimiento hasta los primeros tres años de vida. Como puedes ver, se solapa durante los nueve primeros meses con la etapa ocular. En estos momentos de desarrollo, la bebé necesita sentir que tiene **derecho a tener necesidades**, y que estas son reconocidas y legitimadas. La gran necesidad de contacto que se experimenta durante los primeros nueve meses (la exterogestación) es una de las primeras con las que muchas veces topamos como madres y padres. La entrada de un ser demandante en nuestras vidas nos llega de repente y sin haberlo previsto. Un bebé que, en la mayoría de los casos, nos pide la presencia constante, la mirada presente, la teta llena y disponible, un lugar a nuestro lado en la cama. Y aquí las adultas debemos superar el primer reto: el bebé o yo. Si no tenemos la capacidad de despojarnos de nuestro ego construido y egoísta, es probable que entremos en un juego de poder en el que vamos a censurar las conductas de esa bebé que solamente pide lo que realmente necesita para sobrevivir. No hablo de una supervivencia física, sino de un poder construirse emocional y psicológicamente. Ese ser indefenso, en proceso de completarse madurativamente, está conectado con aquello que le va a proporcionar el cobijo imprescindible para destinar su energía a desarrollarse óptimamente, y no en invertirla en defenderse del hambre, del frío, de dormir en un lugar solitario, de pedir piel, piel y más piel.

Las necesidades de un bebé que ha iniciado su proceso de evolución extrauterina nos cuestionan cómo le miramos, aceptamos y nutrimos, tanto emocional como fisiológicamente. A medida que va creciendo se van ampliando estas necesidades y aparecen otras nuevas, como la diferenciación madre-hija, los límites, las rabietas —la importancia de permitirlas y sostenerlas—, su autonomía, etc. El abanico se ensancha a medida que acontecen los años, y la experiencia de aprender en conjunto es maravillosa, siempre y cuando no te quedes en tu verdad como si fuera algo absoluto y puedas abrirte a escuchar qué es lo que tu hija va necesitando. Te darás cuenta de que, en el camino de criarla con respeto y amor, se abren puertas a las que no sabes muy bien cómo entrar. En este punto, es muy adecuado que puedas preguntarte qué tipo de mirada recibiste tú en esta etapa de tu vida. Es posible que encuentres necesidades propias en las que no fuiste acompañada de la manera que hubieras necesitado. Esto puede generarte dudas acerca de cómo hacerlo ahora con tu hija: ¿sigo el patrón que me dieron, lo cambio radicalmente, encuentro mi propia forma de hacerlo?

El modo en que mires a tus hijas será la manera en que se mirarán ellas mismas. Así que te animo a que indagues un poco más en aquellas áreas en las que experimentas dificultades con ellas para que analices cómo ha sido la mirada que has recibido tú. Cuando somos madres y padres hay una parte inconsciente que se activa: nuestra infancia. Podemos no acordarnos de muchos episodios vividos, pero cuando estamos en el momento de criar a nuestros retoños aparecen maneras de hacer que responden a patrones antiguos sobre cómo nos educaron a nosotras mismas. De esta forma, los padres y madres que tuvimos aparecen como el genio de Aladino al frotar la lámpara mágica: se transforman en conductas y maneras de actuar disponibles, y es así como, a menudo, acabamos actuando de la misma forma. Si te sirve, ¡genial! Si no, revísate y cambia. Aprende a conectar con tu hija desde la mirada abierta que no juzga, sino que aprende, conoce y cuida.

El juego que te propongo en este capítulo es muy sencillo de comprender, y espero que sea igual de fácil de completar. Es un trabajo solamente para ti como adulta. Esta vez las niñas no van a participar activamente o, mejor dicho, no van a saber que forman parte de este juego hasta que, con el tiempo, puedan experimentar los cambios que se producen entre vosotras.

JUEGO EN FAMILIA: LA CÁMARA OCULTA

Para este juego «tan solo» necesitas tiempo, paciencia y tus ojos abiertos y conectados con el corazón. Para ello puedes consultar al chispas de tu barrio y pedir que te haga un empalme capaz de sostener alto voltaje. ¡Estoy de broma!

En esta dinámica, que consta de tres partes, se trata de que logres algo muy valioso: descifrar qué tipo de energía es la que proyectas con tu mirada cuando observas a tu hija en distintas situaciones. Te va a ayudar mucho tener un pequeño diario de a bordo para ir anotando aquello que sientes. Si hay cambios, en qué situaciones las miradas se parecen, en cuáles distan mucho. Es un trabajo de campo que deberás hacer desde el placer de conocerte más y transformar, o mejorar, el vínculo con tu hija. Es muy importante que el juego lo relaciones con el gozo. En mis sesiones clínicas me gusta decirles a las personas con las que trabajo que se llevan «quereres» para sus casas. La sola palabra ya causa risas, a la vez que despierta reflexiones. Si son deberes, pesan; si son quereres, aligeran. Así que tú decides desde dónde lo quieres hacer, pero te adelanto que los «quereres» activan una parte de tu personalidad más ligera y espontánea, con la que podrás hermanarte y utilizar todo el impulso creativo que tiene. Sí, estoy hablando de tu niña interior.

La cámara oculta es un concepto interesante; por eso he escogido este título para el juego. El ejercicio parte de la CNV[6] y se basa en imaginar que eres una cámara que observa, sin juzgar, la situación que tiene delante. Es el paso previo, y necesario, para poder discernir entre lo que te sucede a ti y lo que le sucede a la otra persona, en este caso tu hija. Las cámaras no muestran emociones ni sentimientos. Tan solo registran los fenómenos tal cual suceden. Los captan en sus complejos sistemas digitales para reproducirlos después. Salvando las distancias, te voy a pedir que te comportes como una de esas cámaras. ¿Cómo hacerlo?

Escoge un momento en el que puedas tener un acceso más directo a tu paciencia y serenidad. Colócate en un lugar donde puedas ver a tu hija. Si es muy pequeña, probablemente la tendrás mucho más cerca que si tiene la edad de diferenciarse y empezar a buscar sus rincones de intimidad (a partir de los dos años sucede con más frecuencia). Colócate en un lugar cómodo y de fácil acceso para tu hija. Tal vez en etapas iniciales del desarrollo tengas que estar en el suelo para permitir el libre movimiento de tu bebé —sobre todo si aún no ha alcanzado la verticalidad— y que, en caso de que lo necesite, tenga acceso al contacto contigo. Una vez que hayas encontrado tu lugar de poder y usando tu imaginación, haces un *switch on* a tu cámara oculta y empiezas a grabar. Para ello vas a repetirte interiormente tan solo aquellas acciones que realice tu hija. Por ejemplo: «Mario ha cogido una madera y se la lleva a la boca», «Rosa quiere gatear, pero sus brazos todavía no le sostienen con fuerza su cuerpecito», «Ana hace un puzle y le cuesta encontrar la pieza de la esquina», «Uma quiere acercarse a tocar el fuego», «Rai trata de comerse un tomate y le resbala todo el rato de su mano», etc. Como puedes ver, en ningún momento he descrito emociones o sentimientos, tan solo acciones observables.

---

6. Comunicación No Verbal.

La segunda parte aumenta en complejidad. Hasta aquí bien, ¿sí? Pues ahora se trata de ampliar el trabajo de la cámara con las emociones que crees detectar en tu hija. Siguiendo con los ejemplos de arriba: «Mario disfruta chupando la madera», «Rosa se frustra por no poder avanzar», «Ana se enfada porque las piezas no le encajan», «Uma está determinada a tocar las llamas y no conecta con que puede quemarse», «a Rai parece no importarle ensuciarse todo el rato con el tomate que le cae encima de sus pantalones limpios», etc. Como vas a conocer las expresiones que te transmite tu hija, doy por supuesto que esta parte también te va a ser relativamente fácil.

En esta segunda parte, y después de haber detectado las emociones que te transmitía tu hija, ahora se trata de que conectes con las emociones que sientes en ti. Ampliamos los ejemplos: «Cuando veo a Mario chupar la madera y disfrutar con ello, siento placer al permitírselo», «Cuando Rosa se frustra por no poder avanzar, yo me angustio y quiero ayudarla», «Siento ganas de acercarme a Ana para poder darle la pieza que busca. Me pongo nerviosa al ver que no la encuentra y no quiero que sufra», «Me da miedo ver que Uma se acerca al fuego y no se para, aunque confío en que conectará con el dolor de tener las llamas cerca», «Rai se está poniendo perdido... ¡Qué asco!», etc.

Puede que te sientas identificada con alguna de estas frases y reacciones. Puede que con otras no. De lo que se trata es de que —como supongo que ya habrás descubierto— observes todo lo que va sucediendo dentro y fuera de ti *sin moverte de tu lugar*. Pero ¿cómo? ¿Que no puedo hacer nada? ¡Horror! Ya tiemblas, sudas y me tratas de loca. ¡Gracias! Solo las locas son felices, dicen.

Cuando te das cuenta de lo que sucede, y le añades lo que tu hija siente, y a todo esto le sumas, automáticamente, tus emociones y las reacciones que estas suscitan, lo más probable es que, como si tuvieras un muelle en el trasero, quieras salir disparada a «remediar» aquello que se te hace insoportable. ¿Cuál es la mirada que subyace a todo ello?

Aquí entramos en la tercera, y no por eso menos importante, parte del juego. En este eslabón se trata de que observes cuál es la información y energía que proyectas a través de tu mirada hacia tu hija. Si no hay signos de peligro real —en todos los casos antes citados, tan solo en el caso de que Uma no se detenga al acercarse mucho al fuego hablaríamos de una necesidad de poner el límite seguro por tu parte—, lo que te pido es que sostengas tu incomodidad ante la situación que se esté dando. Es probable que, ante algunas de las observaciones anteriores, lo primero que te apetece hacer es *intervenir*, ¿cierto? Quieres acercarle la pieza, limpiarle las manos y cubrirle los pantalones limpios, coger a tu hija en brazos y moverla, etc. ¿Qué crees que recibe tu hija si ante sus frustraciones o exploraciones intervienes constantemente? Es probable que se conecte con la incapacidad de salirse por sí sola de un pequeño atasco, que sienta que no es capaz de explorar la vida a su manera, que no tiene habilidades suficientes para gestionar sus miedos e inquietudes, etc. Al final, la forma en que la miras penetra en ella y se instaura. Tu hija aprenderá a verse con tus ojos. Y tus ojos son tuyos, y eres tú quien tiene la responsabilidad de dejarlo de esta forma.

Como veíamos en capítulos anteriores, las niñas necesitan el reconocimiento y la pertenencia para poder sobrevivir. Desde muy pequeñitas aprenden a leer el modo en que las miramos. En sus etapas preverbales[7] se instaura la percepción del entorno. Aunque no puedan comunicarse como las adultas, aprenden a percibir el entorno gracias a su capacidad de percepción global y no verbal. Más allá de lo que les digas, van a retener el cómo se lo dices. Así que tu mirada, para ellas, es una ventana totalmente abierta a tu mundo interno. El más mínimo prejuicio, cuestionamiento, miedo, enfado, incomodidad, etc, de tu parte lo van a percibir gracias a su capacidad de interpretar los signos no verbales de tu cuerpo, puesto que es la comunicación que más usan y en la que son expertas, y van a

---

7. Se identifica la etapa preverbal con el momento del desarrollo que llega hasta los doce-catorce meses. A partir de ese momento se considera que los niños van entrando en la etapa verbal paulatinamente.

reaccionar por ello. A medida que van entrando en la etapa verbal, el uso de las palabras va adquiriendo complejidad a lo largo de toda la etapa infantil (hasta los 7 años). De todas maneras, su CNV es todavía la reina del castillo, puesto que su uso y conocimiento de la lingüística es demasiado precoz para equipararse al desarrollo que hemos alcanzado las adultas.

Este juego es muy importante para darte cuenta de que, entre lo que sucede fuera y lo que se mueve dentro, hay todo un recorrido que abarca tu propia experiencia de vida. ¡Claro!, me dirás. Sí, es natural que tengamos nuestra propia manera de concebir lo que está bien y lo que está mal, pero debido a la acumulación de miedos, dolores, frustraciones, éxitos y fracasos —entre muchas otras cosas— que has atravesado y retenido a lo largo de tu vida, actúas como si ese ser que tienes delante —tu hija— caminara el mismo camino que tú. Y eso, permíteme que te lo diga, no es verdad. Tu hija es un ser totalmente diferente de ti. Ha heredado tus genes y la capacidad de activarlos o desactivarlos a través de la bioquímica. De todas formas, esto no implica que su camino sea el mismo que el tuyo, ni sus habilidades, ni sus debilidades.

Te invito a que mires a tu hija como un ser con capacidades propias. Obvio que en muchos momentos su forma de experimentar la vida va a chocar con la tuya. Es cierto que vas a sentir ganas de intervenir y transformar la situación hacia aquello que tú consideras que es mejor. Pero, con esto, lo único que consigues es limitar su espontaneidad y su idiosincrasia. Le transmites, a través de tu mirada, que lo que siente no es verdadero y que debe aprender a desconfiar de ello. Le incitas a buscar en ti la aprobación de lo que es bueno, y aquí ya se genera la primera gran ruptura con su esencia única y auténtica: es probable que, si no tiene un núcleo muy rebelde, acate tus necesidades porque te necesita para sobrevivir. Así va a renunciar a sus maneras para adaptarse a las tuyas.

En esta tercera parte del juego te invito a que atiendas a qué acción te surge espontáneamente y que trates de retenerla. Respira y dite a ti misma que es un juego y que pronto vas a salir de él. Obsérvate en tus patrones instantáneos y, para terminar, pregúntate quién lo hacía igual en tu infancia. ¿Era tu padre?, ¿tu madre?, ¿tu abuela?, etc. Date el permiso para que aflore el origen de tu comportamiento y de esas reacciones que pulsan por actuar. Regálate el momento de observarlas con tu *cámara oculta* y de retenerlas en tu cuaderno. Tal vez, con la experiencia, consigas que el tiempo de no actuar se dilate y la mirada se tranquilice, permitiendo así que tu hija se adueñe de su vida y pueda hacer los pasos a su ritmo, bajo la presencia de una figura adulta que la acompaña en lo que necesite.

Deseo que la película de tu crianza esté llena de momentos como estos.

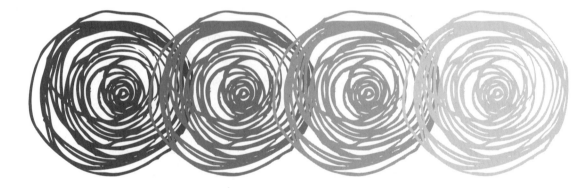

Cámara, ¡Acción!

Los límites son mecanismos
destinados a dar seguridad
al individuo, al entorno que le rodea
y a todo lo que este contiene.

Límites

La capacidad de acompañar los límites es uno de los temas más centrales de la crianza respetuosa. Al hablar de ello en los talleres o sesiones que imparto, me doy cuenta de la confusión que produce la diferencia entre *libertad* y *libertinaje*, de modo que voy a tratar de explicarla de entrada de la forma más sencilla posible: la **libertad** es la capacidad que tienen las personas de poder expresarse y actuar según sus principios y deseos. La persona que actúa con libertad tiene la obligación moral de ser responsable de las consecuencias que se derivan de ello y tratar de encontrar la mejor forma de satisfacer dichos deseos en el círculo social en el que está inserida. El **libertinaje**, por otro lado, es una actitud de desenfreno tanto en las acciones como con las palabras. La persona que actúa así es a menudo irrespetuosa, ya que no tiene en consideración a las demás personas o la idiosincrasia de los espacios en los que se relaciona.

Esta diferencia es central en el tema que nos atañe, puesto que hablar de libertad implica relacionarse de forma serena con los límites, comprendiendo que nos ayudan a relacionarnos con el entorno mediante el respeto y la comprensión. Desarrollar esta relación con los límites va a posibilitar un ambiente relajado en el que puedan gestarse niños respetuosos y empáticos, capaces de lidiar con las situaciones vitales desde el respeto a sí mismos, a la vez que hacia todo aquello que les rodea.

El libertinaje, en cambio, los obvia completamente, ya que supone que los límites son represores y castrantes para la total expresión del individuo. El libertinaje no tiene en cuenta al otro ni su entorno; es una actitud egoísta y naíf que fortalece los comportamientos narcisistas en los niños.

Existe también una tercera opción, que es aquella que contempla los límites como herramientas que satisfacen únicamente las necesidades adultas. Cuando se usan para esta finalidad, los límites son represivos y autoritarios, no tienen en cuenta las necesidades o momentos vitales de los niños que acompañamos, por lo que no acompañan la vida en su total amplitud. Criar desde esta visión de los límites genera entornos tensos, donde las personas que los habitan —en este caso hablamos de los niños— se sienten indefensos ante la incoherencia del acompañamiento que reciben. El mensaje que les llega es que sus necesidades auténticas no son importantes —puesto que siempre se priorizan las adultas— y por lo tanto van desconectándose de ellas. Este tipo de crianza genera niños sumisos y dependientes, o, por el contrario, puede ser caldo de cultivo de grandes rebeldías que explotarán en la adolescencia, si no lo hacen antes.

¿Cómo hacerlo, pues?

Es probable que, cuando miramos atrás para saber cómo actuar ante ciertas actitudes de los hijos, nos demos cuenta de que el histórico que tenemos en referencia a los límites es dual. Entonces, corremos dos posibles riesgos, o con un poco de suerte tres: el primero es imitar lo que recibimos de las figuras que nos criaron; el segundo es irnos al extremo opuesto; y quienes corran la suerte de escoger el tercero pueden reflexionar sobre las dos opciones anteriores y encontrar, como decía Buda, el camino del medio.

Cuando integramos que los límites representan el cuido a la vida, nos es más fácil establecer un vínculo saludable con ellos. Ahora bien, si vemos el límite como un acto de castración y represión del ser humano, difícilmente nos resultará amable el concepto y menos aún aplicarlo; a no ser que deseemos que nuestro punto de vista sea el único válido en el hogar.

El primer límite que experimentamos todas las personas es el saco amniótico. Esta membrana que nos sostiene durante los nueve meses de embarazo es la que posibilita que la vida se expanda y nos conforme como los bebés que fuimos cuando nacimos. El saco se forma los primeros días del embarazo y es indispensable para que este se desarrolle con éxito. ¿Puedes tratar de recordar la sensación de ser sostenido por esa bolsa flexible? Trata de imaginar cómo crees que era tu vida envuelto en el líquido amniótico calentito, sin nada de lo que preocuparte, alimentado y arropado. Pues esa sensación, si puedes sentir que la tuviste, es tu primera experiencia con los límites. Difiere, probablemente, de lo que viviste después durante tus años de crianza, ¿cierto?

Recuperar la conexión entre los límites y la vida genera una actitud interna que los relaciona con el cuido y que hace que los adultos nos planteemos con qué tipo de límites queremos relacionarnos con nuestros hijos.

Hablar de libertad y límites a la vez puede parecer paradójico, y sin embargo no lo es. Son dos partes de un todo más amplio y complejo. Lo que es importante es no confundir la libertad con el libertinaje, ni los límites respetuosos con los límites autoritarios.

Los límites respetuosos —que son los que nos atañen— surgen del análisis atento de los espacios y de la escucha activa de las personas que los habitan, también de la flexibilidad y de la capacidad de ajustarlos al momento y a la persona, o, a veces, incluso de redefinirlos todos por completo. Usamos los límites para acotar el uso de ciertos materiales, establecer dinámicas de funcionamiento interno, relajar el ambiente y así permitir centrar la atención y la conciencia en tareas más creativas y experimentales, también para delimitar en qué espacios realizamos ciertas actividades, para trabajar la empatía, la espera, etc.

Entender los límites como normas abstractas, inquebrantables y externas a las personas que los vivencian dificulta el proceso de apropiarnos de ellos e integrarlos en nuestro día a día. Los límites son mecanismos destinados a dar seguridad al individuo, al entorno que le rodea y a todo lo que este contiene. Son plásticos y orgánicos, es decir, tienen en cuenta las necesidades auténticas de los niños a quienes van dirigidos, y por tanto deben guardar coherencia con estas. De esta forma, ellos se sienten mirados y comprendidos, aunque a menudo no sean complacidos. Los límites, cuando son entendidos como componentes indispensables en el cuido de la vida, provocan un efecto de seguridad y centramiento en las personas: saber qué te es permitido y qué no relaja la bioquímica encargada de la supervivencia para dar lugar a que se active la estructura cerebral más humana y compleja que necesita ser desarrollada en los primeros años de vida.

JUEGO EN FAMILIA: LA MEMBRANA MÁGICA

El juego que te propongo aquí consiste en recrear la membrana que los niños (y adultos, sea dicho de paso) necesitan para sentir bien claro cuáles son sus límites para moverse en el mundo. Como ya decíamos anteriormente, los límites son imprescindibles para el cuido de la vida y es aquí donde queremos incidir con esta dinámica.

El juego de la Membrana Mágica toma el concepto del biólogo Bruce Lipton, que describe la necesidad de las membranas de las células sanas de ser semipermeables, es decir, poseer la capacidad de dejar entrar y salir aquello que la célula necesita. Extrapolando el concepto a nuestro cuerpo, la membrana mágica sería nuestra piel, el órgano más grande que poseemos y aquel que nos limita y nos conforma. Simbólicamente, esta cualidad semipermeable es la propia capacidad de darnos cuenta de qué es lo que nos hace bien dejar entrar, y qué es lo que debemos limitar.

Acompañar a nuestros hijos en el reconocimiento de sus propios límites, los cuales los cuidan y los estructuran, es posibilitarles la conexión con su propia capacidad de conformarse como personas; es restablecer el vínculo de los límites con la vida.

Este juego es muy sencillo y tan solo vas a necesitar tiempo y sentirte predispuesto a conectar con tu hijo desde el amor y el respeto.

Te propongo que escojas la habitación o estancia más diáfana que tengas en casa. Te colocas en un extremo y tu hijo en el otro. Puedes poner una música que os guste para generar un espacio tranquilo y amable que os abra a recibir las emociones que se van a mover en esta dinámica. Una vez distribuidos en el espacio, podéis miraros a los ojos y daros una consigna para empezar a caminar el uno hacia el otro. Tomaos vuestro tiempo, ¡o no! Sentid qué os pide el cuerpo: ir a paso de hormiga, ¡o correr como un jaguar! Una vez que os encontréis en un punto (puede ser el punto medio u otro cualquiera), la persona adulta toma el rol activo en primer lugar, y después, si el niño quiere, puede hacerlo él también. El niño cierra los ojos y se queda parado en ese lugar. La persona adulta lo que va a hacer es presionarle todo su cuerpo con las manos. Tiene que ser un toque tierra, firme, seguro, amoroso, presente. Recorres todo el cuerpo de tu hijo presionándole la piel, tomándote tu tiempo, cogiendo una mano entre las tuyas, la otra, los pies, la cabeza, etc. A medida que lo hagas, vas explicándole que su cuerpo es su límite, es aquello que lo conforma como persona. Puedes decirle: «Este cuerpo que tienes es tu límite. Gracias a tu piel tienes esta forma en la que hay un "dentro" y un "fuera". Es importante que escuches lo de dentro para saber qué te gusta, o qué no te gusta. Nadie más que tú puede saber cómo cuidarte». Cuando hayas recorrido todo el cuerpo, te colocas delante de él y le pides que abra los ojos. Entonces le vuelves a repetir el mensaje añadiendo que si alguna vez tiene dudas, tú vas a estar disponible para acompañarle a escuchar su «dentro».

A veces, ante vivencias difíciles, los niños pueden desconectarse de aquello que les hace bien. En estos momentos, las necesidades que expresan dejan de ser auténticas (como, por ejemplo, comer mucho dulce, querer comprar muchos juguetes, o, en casos más graves, arañarse o hacerse daño en el cuerpo), y es aquí cuando los adultos que los acompañamos debemos propicionarles ese límite de protección que, por el momento, son incapaces de darse a sí mismos. Es lo que llamamos la contención, tanto emocional como física, que permite restablecer el contacto con su propia membrana y tejer de nuevo el puente con la escucha interna.

Las rabietas
desarrollan una función

muy determinante
en el desarrollo infantil.

Rabietas

Las rabietas infantiles son una manifestación **sana y natural** de las niñas que les permiten reafirmarse en su proceso de construcción del «yo», su identidad y su autonomía. Acostumbran a darse en la etapa egocéntrica, que sucede entre los dos y los seis años. Esta es una etapa donde los cambios y las órdenes que vienen de fuera cuestan de asimilar. Toma tiempo llegar a comprender sus demandas y explosiones de rabia, sobre todo cuando no tenemos el tiempo y la paciencia para sostenerlo. En este momento de su desarrollo las niñas creen que el mundo gira a su alrededor. Para hacer una comparativa con la historia de la humanidad, podríamos crear un símil con los tiempos del Medievo, cuando en Europa se creía que la Tierra era el centro del universo y que era el Sol quien giraba alrededor de nuestro planeta. La mentalidad de las personas que dictaban las leyes era tan limitada y antropocéntrica que llegaban al extremo de condenar a muerte a aquellas que pensaban de forma distinta, como las brujas o Galileo.

Salvando las distancias históricas y ciñéndonos a la comparación que aquí nos atañe, voy a aprovechar este ejemplo histórico de lo que fue el antropocentrismo para compararlo con la etapa evolutiva de la infancia denominada egocentrismo. ¿Podéis, pues, adivinar quién representa a estas brujas quemadas o a Galileo? Y ¿quiénes serían esas personas inquisidoras de la época en el seno familiar?

Pues sí, esas brujas o Galileo somos las personas adultas, condenadas a una «muerte-rabieta» por el gobierno egocéntrico de las niñas. Visto así asusta, ¿verdad? Pero si miramos en retrospectiva, en la historia hubo una considerable evolución de la conciencia imperante. A lo largo de muchos siglos, el antropocentrismo ha ido disminuyendo y por lo menos hemos aceptado que las personas ya no somos el centro del universo. De esta misma forma, las niñas, en su proceso de maduración y crecimiento, acatarán la diferencia de opiniones, aceptarán los límites amorosos y respetuosos, a la vez que los llegarán a integrar como herramientas para su propio cuidado personal. Es maravilloso observar como una niña a partir de cierto momento, y fruto de sus experiencias personales, puede autorregularse y llega a ponerse el límite a sí misma. Alcanzar este punto requiere de un acompañamiento atento y comprensivo de sus rabietas por parte de las adultas; de una limitación paciente con sus momentos de demanda excesiva y de una mirada de apoyo y sostén frente a sus deseos y pulsiones infantiles. Llegar a comprender que el límite les cuida y poder experimentarlo a dosis diarias les genera un puente entre lo que viene de fuera —la actitud de las adultas— y cómo actuar desde dentro. Así acaban absorbiendo e integrando este patrón externo como una herramienta disponible en su vida.

Las rabietas desarrollan una función muy determinante en el desarrollo infantil, y pueden prolongarse en el tiempo o adelantarse en algunos casos. Alrededor de los dos años las niñas entran en la etapa del «no». Lo usan indiscriminadamente y, a veces, sin un sentido lógico y coherente para las adultas que las acompañamos. El «no» les permite diferenciarse del otro e identificarse como seres no simbiotizados (con la madre). Todavía no saben muy bien lo que son, pero tienen claro lo que no son y lo que no quieren. A lo largo de su corta experiencia en esta vida han recibido muchos «noes» por parte de las adultas y están comprendiendo el poder que tiene esa palabra, lo que mueve en el entorno y cómo genera poder. En el proceso de construcción del autoconcepto, el «no» es muy importante. Llevar la contraria genera movimiento en ese entorno que ya diferencian de lo que ellas son, a la vez que les hace receptoras de la mirada de las adultas que, todavía, tanto necesitan.

En el decurso de esta etapa egocéntrica se genera una gran cantidad de avances en el ámbito cerebral. Es la etapa de nuestras vidas en la que más sinapsis generamos. Bien sabido es que los seres humanos nacemos semidesarrollados y acabamos de completar nuestra maduración cerebral fuera del útero materno, por eso es tan importante la exterogestación[8]. En este proceso de crecimiento que abarca, principalmente, los primeros años de vida, se adquiere el sentido de la inteligencia, que no es otra cosa que la capacidad de generar relaciones lógicas producto de la comprensión de patrones de repetición y previsión de nuestras experiencias cotidianas. De esta manera, cuando la necesidad infantil pide atención y no se la damos de la forma que las niñas necesitan, estas encuentran recursos para obtenerla. Las rabietas son uno de esos recursos y es muy importante comprender el propósito que cumplen en la vida de las niñas que se las permiten.

El juego que te propongo a continuación pone énfasis en la capacidad de escucha de lo que tu hija realmente necesita cuando estalla en rabieta. A partir de los dos años aproximadamente, las niñas ya empiezan a desarrollar el juego simbólico, que es una herramienta que les permite reproducir las vivencias que tienen en el día a día, revivirlas en distintos roles, y aprender de ello. Poder entrar en ese espacio tan suyo es la herramienta que usamos en terapia infantil para conectar con lo que están viviendo, y cómo, a menudo, esas experiencias cotidianas les generan tensiones y malestar.

---

8. Es el período de nueve meses en que el bebé acaba su maduración necesaria para afrontar el mundo fuera del útero de la madre. El bebé todavía no es capaz de desplazarse por sí solo y no puede ni acercarse a la comida cuando la necesita, ni escapar del peligro. De esa manera, la exterogestación contempla una proximidad del bebé con el cuerpo de la madre (o de la persona que materne) para que este se sienta en seguridad y abastecido de todo aquello que necesita.

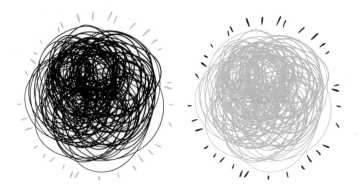

JUEGO EN FAMILIA: ¿QUIÉN ERES HOY?

Para este juego necesitas estar en la sala de juegos de tu hija, o en el rincón de la casa que elija. Se trata de reproducir una situación en la que haya vivido un episodio de rabieta importante. Le vas a explicar que hoy vais a jugar a cambiar los papeles: tú serás él o ella, y viceversa. Esta propuesta acostumbra a resultar muy atractiva para ellas, ya que normalmente quieren poder experimentar el ser «mayores» y dictar sus propias leyes.

Una vez aceptadas las normas, se trata de que tú reproduzcas la situación que precedió el episodio de rabieta. Es un juego de *rol playing*,[9] y cuanto más real lo representes, mejor será para el efecto de la dinámica. Así que ¡manos a la obra, y que empiece la función!

En el proceso de actuar, en algún momento vas a ver cómo tu hija empieza a darte respuestas parecidas a las que tú le das en este tipo de situaciones. Aprovecha ese momento para estallar en una rabieta y —y aquí viene lo más importante— observa cómo tu hija actúa contigo. ¿Qué te ofrece? ¿Cómo te habla? ¿Te trata con dulzura? ¿O por el contrario te juzga y te castiga?

---

9. Es una técnica a través de la cual se simula una situación real. La persona adopta un personaje dentro de la escena y actúa como tal. Este tipo de dinámicas fomentan la empatía.

Toda esta información es muy valiosa para que veas cómo se siente acompañada tu hija ante estas reacciones. Recauda información y toma nota no solo de su reacción como adulta, sino de cómo te sientes tú en ese papel y con ese acompañamiento que te da.

Si, por el contrario, la reacción de tu hija es distinta a la que tú le das, observa si es una imitación de cómo la acompañan en la escuela, en casa de las abuelas, etc., o si es un tipo de presencia más parecida a la que estaría necesitando en esos momentos. Retén todo lo que puedas. ¡Es oro! Y te da pistas para comprender mejor a tu pequeña.

Una vez acabada la dinámica, puedes comunicarle cómo te has sentido, si lo que te ha dado en tu momento de rabieta te ha gustado o si, por el contrario, te ha hecho sentir peor.

Acostumbra a ser muy efectivo preguntarles si cuando a ellas les sucede esto les gusta cómo las acompañamos. Propiciar un espacio de conversación y de revisión sobre nuestros acompañamientos y acciones les permite sentirse en confianza para trasladarnos sus incomodidades y sus peticiones. Abrirse a la crítica constructiva con tus propias hijas establece una red más firme y amorosa para comprenderos mutuamente, y de esta forma, poder transformar el espacio del hogar en un terreno fértil para la salud emocional.

Los niños alcanzan su autonomía cuando sienten que el entorno y el apoyo recibido les propicia cierta maestría para la vida.

Autonomía

El concepto de *autonomía* genera mucha controversia en el ámbito de la crianza respetuosa. ¿Qué significa que mis hijos sean autónomos? ¿Que hagan lo que quieran? ¿Que se hagan mayores rápido? ¿Darles todo lo que pidan?

Estas y otras muchas preguntas surgen siempre alrededor de este tema. Para hacerlo fácil, voy a enunciar una definición de autonomía que a mí me deja tranquila, ¡y espero que a ti también!

La autonomía es la capacidad que tenemos las personas de realizar, por **nosotras mismas**, las cosas por las cuales nos sentimos atraídas. Está motivada por el **deseo** de descubrir nuevos retos y el poder ir más allá de las tareas cotidianas que ya dominamos. La autonomía implica, sí o sí, una **separación** con el otro, es decir, poder sentirse un organismo completo y disociado del entorno, a la vez que seguir teniendo la conciencia de que todo está interrelacionado.

Por ejemplo: cuando tu hijo desea salir a la calle a comprar el pan por primera vez, está cumpliendo con varios de los requisitos que definen la autonomía. En primer lugar, es él quien desea realizar esta acción, ¡lo desea!, y esto ya demuestra que él mismo es capaz de conectar con su capacidad interna de ver el mundo y saber qué lo motiva más, y qué menos. Probablemente, si le pidieras que ordenara su habitación o que sacara el polvo del mueble del comedor, su deseo caería como la bolsa de Estados Unidos en 1929. Si tu hijo te pide eso, es probable que sea porque hay algo en él que le dice que es capaz de realizarlo con éxito. Seguramente son muchas las veces en las que él ha podido experimentar esta acción cotidiana de tu mano, o en compañía de otras personas adultas. Con la observación y la experiencia, ha ido almacenando la información necesaria para tal hazaña. Y ahora es su momento. Porque lo desea, porque tiene la información de sus vivencias y la seguridad interna de poder hacerlo, es decir, se siente completo y separado de la necesidad de tu compañía. Y esto es muy importante para el desarrollo de su trayectoria vital. ¿Estás tú preparado para dejar que camine hacia su autonomía?

Si has sido un padre o una madre presente y atento al desarrollo de tus hijos, es probable que nadie los conozca mejor que tú. Si por el contrario sientes que has pasado demasiado tiempo sin la presencia necesaria para descubrir con quién vives y te relacionas, te aconsejo que no pierdas la oportunidad de adentrarte en la maravillosa tarea de acompañar la vida que se expande dentro de tu seno familiar. Tu mirada y reconocimiento sincero, como ya explicaba anteriormente, es su mayor anhelo y medicina. Darles estos momentos de calidad puede generar un vínculo profundo que va a posibilitar que la experiencia de vivir la crianza se transforme en un espacio de crecimiento personal.

Te invito también a que revises si tu presencia como adulto en el desarrollo de la autonomía de tus hijos viene marcada por tus **propios miedos**. A menudo me encuentro con madres y padres que ante la situación del ejemplo que te he expuesto se bloquean totalmente y son incapaces de permitirles su deseo porque imaginan infinitos peligros que les pueden ocurrir a sus hijos si les dejan salir solos a la calle a buscar el pan. Yo no digo que debas hacerlo, pero sí permíteme enfatizar la diferencia entre lo que es posible (casi todo) y lo que es probable (muchas menos cosas). Imagino que, si tu hijo te pide eso, es porque la panadería le queda a una distancia que considera asequible para ir. Si le conoces, sabrás que es capaz de caminar, orientarse, pedir el pan y pagarlo, cuidarse cuando cruza la calle, etc. Y si crees que no está preparado para ello, pues con todo el amor y la comprensión de la rabia que puede producirle su deseo frustrado, vas a explicarle que crees que debe practicar un poco más acompañado por ti, o por otra persona adulta, antes de que te sientas con la confianza suficiente para decirle que sí.

La autonomía tiene otra cara de la misma moneda, y es lo que llamaremos **pseudoautonomía**. Este es un concepto polar que abarca dos posibles extremos: la sobreprotección y el abandono.

Cuando hablamos de *sobreprotección* hacemos referencia al acompañamiento de la crianza basado en los miedos internos de los adultos. Esta manera de mirar a tus hijos es sesgada y limitante porque los estás viendo a través de tus propias experiencias vitales, de tus errores y aciertos, de tus aspiraciones e ilusiones. Y yo te pregunto: ¿dónde están tus hijos aquí? ¿Puedes ver a la persona que tienes delante como un ser distinto a ti mismo? ¿Confías en que la vida que va a llevar puede diferir de la tuya por el hecho de que es una persona distinta? Uno de los retos más importantes de la mapaternidad es poder soltar la creencia de que los niños son seres débiles e incapaces. Déjame decirte que tus hijos poseen una sabiduría inmensa y que gracias a las múltiples experiencias que van a realizar, adecuadas a su etapa de desarrollo, van a acumular conocimiento y destrezas para llevar una vida autónoma. Para ello necesitamos quitarnos el filtro de miedos con el que los vemos, para tener más claridad y confianza en nuestra mirada.

La otra polaridad de la pseudoautonomía es lo que llamamos el abandono. En este caso, los niños son propulsados a vivir situaciones para las que o no tienen deseo, o no se sienten preparados. Piensa en el ejemplo que te ponía antes, el de ir a comprar pan. Pongamos que ese niño no tiene el deseo de ir a la panadería a buscar el pan, ya sea porque no se siente capaz, porque le da miedo o porque todavía no tiene interés en ir solo por la calle. En un estilo de crianza basado en el abandono, esos padres obligarían al niño a ir a la calle con el pretexto de «ya eres mayor», «no te va a pasar nada», «no seas miedica», «sé valiente», etc. Es en estas situaciones, cuando los niños no están conectados con su deseo y les obligamos a realizar igualmente una acción, en las que pueden ponerse en peligro, tanto físico como emocional. En el ámbito físico porque un niño que no está preparado para salir solo a la calle irá con miedo, y el miedo paraliza, resta habilidades y bloquea la capacidad de respuesta ante el peligro.

En el caso del peligro emocional, se trata de la desconexión constante a la que se ven expuestos estos niños: el mensaje que reciben de las personas adultas que los crían es que sus deseos y límites internos no son ni reconocidos ni validados, lo que acaba derivando en una profunda desconexión con ellos mismos.

Ligado a esta polaridad del abandono, encontramos el término *independencia*, que a menudo se confunde con el de *autonomía* y genera grandes confusiones. La palabra *independencia* está formada por el prefijo negativo *in-*, que expresa el valor contrario a la palabra que acompaña, en esta caso *dependencia*, y por tanto alude a la incapacidad de un sujeto de valerse por sí mismo. Es decir, que independencia significa la capacidad de una persona de valerse por sí misma, sea cual sea su condición, edad, situación o deseo. Si quieres que tu hijo sea independiente, estarás asumiendo lo anterior, sin tener en cuenta lo que necesite y desee, con todas las consecuencias que esto puede acarrearle. La autonomía, por el contrario, implica una cierta relación y apoyo del entorno. Los niños son capaces de alcanzar su autonomía cuando sienten que el entorno y el apoyo que han recibido ha sido suficiente para propiciarles cierta maestría para la vida. Esta forma de vivir incluye momentos en los que desean estar acompañados realizando actividades que saben hacer por sí mismos, puesto que en la vida no hay nada lineal, sino cíclico, y las personas tenemos momentos de regresión en los que, si nos escuchamos y nos amamos lo suficiente para permitírnoslo, necesitamos una mano amiga que nos acompañe durante un rato en el camino de cruzar la calle para ir a buscar pan. ¿De qué te sirve obligar a tu hijo a prescindir de este soporte que desea? ¿Te enorgullece que lo haya logrado solo? ¿Le enorgullece a él, o es la sombra de tu deseo lo que ellos te reflejan?

Acompañar con respeto para la autonomía es una tarea compleja que requeriría un libro entero por sí misma. Con el juego que te propongo a continuación, te animo a que explores cuál es tu relación con este concepto y puedas ordenar mejor los conceptos en tu cabeza. Y ante cualquier duda o necesidad, ¡busca apoyo! Es un pequeño paso que reporta grandes cambios y beneficios.

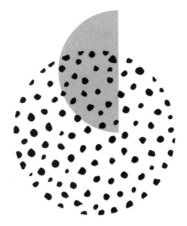

JUEGO EN FAMILIA: LA GALLINITA CIEGA

Esta es una dinámica que propongo en cada uno de los talleres en los que abordo esta temática. Es un juego muy sencillo y que, a la vez, reporta infinidad de matices alrededor del tema que estamos tratando.

Para este juego tan solo vas a necesitar un pañuelo para taparte los ojos. Fácil, ¿verdad?

Se trata de que os reunáis los jugadores y os pongáis en parejas. Si sois impares, deberéis hacer turnos, puesto que es muy importante que el acompañamiento se haga de uno a uno. En este juego se trata de que una persona explore o realice la actividad que decida, mientras que la otra persona la va a acompañar. Una vez establecidas las parejas, lo que os pido es que os numeréis. Una persona será la número 1, y la otra, la número 2. Empezará tapándose los ojos la persona número 1. Antes de esto, debe tomarse un rato para dejarse sentir qué actividad es la que va a desear explorar con los ojos tapados. Esta actividad es importante que sea elegida libremente por la persona que la va a vivenciar. Observa, sobre todo si eres la adulta que acompaña, cuánto espacio le permites a la otra para elegir la tarea con la que quiere jugar. Te daré algún ejemplo de tareas: desde pintar, hacer barro, vestirse, trepar a un árbol, hacer un puzle, explorar la casa, hacerse un sándwich, etc. Cada cual tendrá su interés por una tarea o por otra. Aquí ya empieza la tarea de observarse en la manera que tenemos de acompañar la elección de las preferencias del otro: ¿aparecen nuestros miedos sobreprotectores ante lo que desean realizar? ¿O por el contrario les animamos a que se sumerjan en actividades que consideramos que les harían bien?

Una vez escogida la tarea, la consigna es que la persona número 1 se cubra los ojos y se disponga a realizar aquello que se había propuesto. El acompañamiento debe realizarse sin intercambiar palabras, es decir, ¡en silencio! Deberéis encontrar la forma de comunicaros que no pase por lo verbal. Si en algún momento se os escapa alguna palabra, os podéis recordar la consigna y retomar lo que estéis haciendo con esta pauta.

Vais a poner un cronómetro de quince minutos por persona y tarea. Una vez que se acabe el tiempo, sin intercambiar muchas palabras, vais a proceder a cambiar los roles. Ahora va a ser la persona número 2 quien se va a cubrir los ojos y va elegir una actividad que quiera realizar. Otra vez os ponéis el cronómetro y repetís el procedimiento con las mismas consignas.

Acabadas las dos experimentaciones, lo que os pido ahora es que os toméis un momento para poder analizar lo vivido. Aquí ya podéis recuperar la palabra. Es más, ¡os animo a que la uséis mucho para que los frutos de la actividad sean mucho más ricos!

Mi propuesta es que podáis compartir cómo os habéis sentido tanto cuando tenías los ojos tapados (qué has sentido que recibías) como cuando acompañabas (qué has sentido que proporcionabas) en estos tres ejes:

AUTONOMÍA — RESPETO — SEGURIDAD

Por ejemplo, si la forma como la persona que te acompañaba no te ha dejado experimentar los límites que tú buscabas porqué tu acompañante tenía miedo y te ha coartado, es importante que se lo comuniques para que tenga tu *feedback*. Suele pasar que, cuando estamos en el rol de acompañar, nos creemos que nuestra forma de estar aportando presencia es la adecuada, y es solo cuando logramos abrirnos a recibir lo que la otra persona ha sentido en la dinámica, cuando podemos realmente revisar nuestros patrones y nuestras ideas de autonomía, seguridad y respeto.

No debes temer expresarte desde tu verdad. Si te has sentido demasiado segura y poco autónoma (ya sea porque te han dirigido demasiado o coartado en algunos movimientos), ¡dilo! Con respeto y desde tu percepción para no herir a la otra persona con acusaciones, pero dilo. Expresa lo que has vivido porque solo así este juego toma el sentido que le quiero dar para abrirnos los ojos un poco más al concepto de *autonomía*.

Una vez terminado el juego, este os debería haber proporcionado una mayor idea de lo que vuestros hijos sienten cuando los acompañáis en su exploración de la vida. ¿Has podido sacar en claro lo que significa para ti acompañar la autonomía?

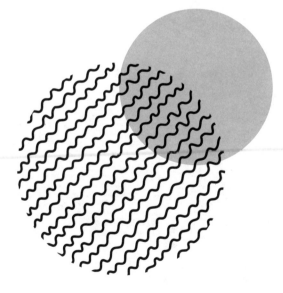

Emociones: rabia

Hablar de emociones es algo importante y necesario. Adquirir el hábito de comunicar no solo lo que nos pasa, sino cómo lo vivimos, es indispensable para generar salud emocional en nuestras hijas. Hay emociones que son más fáciles de gestionar que otras, seguramente porque nos mueven internamente menos. Otras, en cambio, representan todo un desafío para nosotras. Probablemente no recibimos un acompañamiento adecuado cuando las vivimos de niñas, y ahora, una vez que somos madres y padres, nuestro histórico de referencia es el que es. Como ya comentábamos en el capítulo de los límites, tenemos tres opciones: imitar el comportamiento que recibimos; polarizar al otro extremo; encontrar el camino del medio, más acorde con la situación actual y con nuestra relación con nuestras hijas.

La emoción de la **rabia** es una de las emociones que puede generar más incomodidad porque genera mucho ruido. Dependiendo de nuestra propia inteligencia emocional adulta y del trabajo personal que hayamos elaborado, podemos encarar la rabia de nuestras hijas con más o con menos mano izquierda.

Fíjate en la diferencia entre esta conversación:

—Mamá, hoy en la escuela me han castigado —dice Juan, cabizbajo.

—¿Y qué has hecho tú? —pregunta su madre frunciendo el ceño.

—He empujado a José, pero es que él...

—¡Nada de excusas! ¡Ya sabes tú que tratar así a tus amigos no está bien! —responde sin dejarle acabar su frase.

—Mamá, pero es que él me ha... —Juan trata de explicarse en vano.

—¡Sin rechistar! ¿O acaso quieres que te castigue yo también? —amenaza su madre.

—No... —susurra Juan.

—Pues venga, ¡a hacer los deberes y mañana ya me encargo yo de hablar con la profesora y decirle que, si vuelve a pasar, tomaremos medidas en casa también!

Con la de aquí abajo:

—Mamá, hoy en la escuela me han castigado —dice Juan, cabizbajo.

—¿Qué ha pasado? —pregunta su madre arqueando las cejas mientras se le acerca.

—He empujado a José. —Juan no levanta la vista del suelo.

—¡Vaya! ¿Y eso? —pregunta, sorprendida, la madre.

—Es que él me ha escupido en la cara porque ese niño de cuarto se lo ha dicho —responde Juan, indignado. Ahora sí que levanta la mirada y frunce el ceño.

—¿No le has dicho que parara? —indaga su madre.

—Pues sí... ¡y varias veces! Pero al final no ha parado ninguna vez y lo he empujado fuerte. —Juan vuelve a bajar la vista.

—Ya veo, te has defendido de algo que no te gustaba y la profesora te ha castigado —sintetiza asertivamente su madre.

—Sí... —Juan sigue mirando las baldosas del suelo.

—Y ¿cómo te sientes? ¿Lo habéis podido hablar luego? —le pregunta su madre mientras se acerca a Juan y se sienta a su lado comprensivamente.

—Me siento muy triste porque José es mi amigo, pero como le da miedo que ese niño de cuarto le pegue si no me escupe, ¡pues lo hace! Mamá, yo le entiendo porque seguro que haría lo mismo, pero después yo le pediría perdón y le diría a la profesora por qué lo he hecho.

En la primera charla, supongamos que la madre de Juan ha sido una niña a quien no se le ha permitido expresar su rabia. Primero porque era niña —y las niñas no gritan, lloran—, y segundo porque en su casa la rabia se asociaba a estar enfadada y no era aceptada. Esta mamá ha integrado que la rabia no es aceptable nunca, y no le valen los intentos de su hijo de explicarle qué le ha sucedido. Es más, para ella son excusas para zafarse de la merecida reprimenda. ¿Qué crees que recibe Juan de esta madre? ¿Se siente escuchado y comprendido? ¿Percibe un ambiente abierto y receptivo en el que poder expresar lo vivido y cómo se siente por ello?

En el segundo ejemplo, la madre de Juan actúa de distinta forma. Pongamos que ha vivido en el mismo tipo de familia que la del primer ejemplo, pero que un buen día, debido a una situación de *mobbing* en el trabajo, se dio cuenta de cuánta falta le hacía poder valerse de su rabia y del enorme potencial que esta poseía, así que se lanzó a la experiencia de revisar sus patrones internos y poder aceptarla como una herramienta más de su vida. Esta segunda versión de la madre de Juan cuenta con mayor inteligencia emocional y comprende que, aunque empujar a las personas no es algo aceptado, a veces, resulta adecuado y siempre viene acompañado de un buen motivo —al menos en el caso de su hijo—, así que se abre, comprensiva, a la charla con Juan para que le cuente qué ha pasado y cómo se ha sentido en toda esta situación. ¿Qué cambia para ti entre una y la otra? ¿Con cuál te sientes más identificada?

Cambiar de patrones no es tarea sencilla, pero no es imposible. Todas nosotras procedemos de experiencias de vida que nos han hecho ser quienes somos. En referencia a la vivencia de las emociones existe una manera de explicarlo que me gusta mucho: el sistema de tuberías.[10] Imagina que nosotras nos transformamos en un recipiente cerrado del que solo salen cuatro tubos

---

10. Ana Gimeno Bayón.

iguales. Estos tubos representan las cuatro emociones básicas: **rabia**, **miedo**, **alegría**, **tristeza**. En teoría, al ser iguales, cada uno de estos tubos posee la misma capacidad para dejar pasar y transportar todas las emociones por igual. Cada tubo dispone de un grifo para abrir y cerrar las compuertas que dejan pasar cada emoción. Supongamos que en tu casa la tristeza no era tolerada. Se consideraba que estar triste era de débiles y que, en la vida, solo los fuertes sobreviven. Además, era importante que nadie supiera que estabas mal, y las apariencias eran algo muy preciado en tu entorno familiar primario. En tal caso, el grifo encargado de abrir la circulación de la tristeza se ha ido oxidando a fuerza de no funcionar. De esta manera, cada vez te es más difícil dejar salir esta emoción porque, cuando lo haces, no eres reconocida ni aceptada por tu entorno. Con el paso de los años, este grifo se acaba inutilizando por la cantidad de óxido que acumula y porque ya reprimes cualquier intento de quererlo abrir. Diríamos que, para ti, la tristeza es tu emoción **prohibida**. Pero aquí no acaba todo. Como tú eres ese recipiente cerrado del que solo salen cuatro tubos, cuando la emoción se mueve dentro de este espacio y no puede salir por el tubo correspondiente, ¡muta! ¿Y sabes dónde va? Pues se dirige hacia otra salida que esté disponible. Imagina, que en tu caso, esa emoción de tristeza que no puede salir por el conducto correspondiente se hubiera dirigido hacia la tubería de la rabia. Y claro, como la rabia es fuerte, poderosa y genera respeto, pues cuando te expresabas así eras recompensada con miradas de aceptación y frases del tipo: «¡Vaya con esta niña, qué valiente nos ha salido!», «¡Óyela cómo grita!, ¡así se nota que eres de la familia!». De esta manera, aprendes a **parasitar** la rabia y, en la vida, vas a funcionar de la siguiente manera: cuando sientas tristeza en lo más hondo de tu ser, vas a expresar enfado, ira y explosiones de rabia.

Puede que este sea tu caso, o bien puede que tus emociones prohibidas y parásitas sean otras. Lo interesante de todo esto es que seas capaz de observar cuál es tu tendencia y decidir qué quieres hacer con ella. ¿Vas a seguir actuando igual con tus hijas? ¿Te apetece probar una nueva manera de gestionar las emociones que tenga más en cuenta al ser que tienes delante y no tanto tus patrones antiguos? En el caso de que no te sirvan, claro.

Voy a hablarte un poco más de la **rabia** en esta primera parte. Antes de empezar, cuando piensas en la rabia, ¿qué imágenes te vienen? Párate un microsegundo a analizar todo aquello que se proyecta en tu cabeza cuando piensas en la rabia, porque te dará muchas pistas de cómo vas, probablemente, a acompañar esta emoción en tus hijas.

Es importante que recordemos que nuestros orígenes culturales se basan en el judeocristianismo. Venimos de muchos años de moral religiosa y de dogmas establecidos alrededor de lo que era considerado bueno o malo a los ojos del Señor. La rabia, incluso, está considerada como uno de los pecados capitales de la moral cristiana. Y es importante tener en cuenta de dónde venimos para saber a dónde vamos, ¿cierto? Aunque tu familia no haya sido católica apostólica y romana, que no haya practicado ni haya ido a misa no significa que no corra por tu sangre esta cosmovisión. Esta emoción ha estado muy perseguida y acallada incluso con la muerte. Rebelarse, enojarse, enfurecerse, enrabiarse era —y todavía es— penado y perseguido en los ámbitos más ortodoxos. Pero no se trata aquí de adentrarse en este ámbito, sino tan solo de situar la rabia en el contexto histórico y cultural para poder encuadrarnos un poco más en nuestra relación con esta emoción.

Me gusta llamar a la rabia como **energía agresiva**. Es un concepto mucho más amplio —y amable, dicho sea de paso— que engloba la polaridad que permite desgranar las dos caras de la moneda que tiene esta emoción. Esta energía sería como el contador de las revoluciones de tu coche. Este contador, si es sano, va moviéndose y oscilando en una zona intermedia, ni demasiado bajo para no calarnos, ni demasiado alto para no quemarnos. En la zona de bajas revoluciones, esta energía agresiva polarizaría hacia la tendencia *victimista* de las personas. Por el otro lado, cuando el contador se pasa de revoluciones y se va al otro extremo del panel, esta energía polariza hacia la tendencia *violenta*.

Tenemos, pues, la energía de la rabia explicada en términos de un contínuum que va del cero-víctima al cien-violencia. Para tener una relación sana con la rabia, es importante que las personas nos movamos, como ya decíamos anteriormente, por la zona intermedia de este abanico de posibilidades. Pero ¿qué pasa cuando una niña tiende a moverse por una zona próxima a uno de los extremos?

Pues bien, si esa niña se mueve por la zona próxima al cero, será una persona con muy poca energía agresiva, es decir, con poca capacidad de movimiento fuerte en la vida, con poca reacción ante amenazas, probablemente será una niña que ante el peligro se hará la muerta y no se defenderá. Son esas niñas a las que en la escuela siempre les pegan, les gastan bromas pesadas, se meten con ellas, etc., porque las demás compañeras han aprendido que no se saben defender. Las llamamos *víctimas*.

Por otro lado, si una niña polariza hacia la zona del máximo de revoluciones, será una persona con mucha energía agresiva. Sus movimientos serán firmes, impulsivos y fuertes. Puede ser esa niña que cuando entra en clase va golpeando a las demás personas, mesas y otros objetos que encuentra por el camino sin darse ni cuenta. Solo cuando la paras y le pides que mire atrás, verá una estela de niñas en el suelo, chaquetas caídas y mesas movidas de lugar. Son niñas que explotan a la más mínima y buscan el conflicto porque les permite experimentar toda su fuerza y poder. Las llamamos *violentas*.

A la vista está que tanto un extremo como el otro no conducen a buen puerto en la vida. Por eso te propongo el siguiente juego para poder trabajar esta energía agresiva desde el hogar.

JUEGO EN FAMILIA: EL PAÍS BLANDO

Para este juego vas a necesitar recrear lo que el título ya dibuja: un país blando. Me explico: se trata de habilitar un espacio de tu casa con material blando: cojines, colchones, cubos grandes y pelotas de espuma, telas, etc. Para ello te puede servir una habitación que tenga una cama grande, el comedor con los sofás, o el espacio que te vaya mejor. Este juego se basa en la psicomotricidad relacional[11] y su propósito es disponer de un lugar seguro y protegido para poder lidiar con la energía agresiva. En este País Blando está permitido expresar la fuerza, la ira y la agresividad. De lo que se trata es de poder tirarse, saltar, golpear, lanzar todos los elementos asegurándonos de que no dañan a otras personas ni otros materiales del entorno, de ahí la importancia de que los materiales que lo conformen sean blandos.

En referencia a lo que leías un poquito antes, tanto las niñas que se encuentran en un extremo de la polaridad como en el otro necesitan una actividad que les permita regularse para poder experimentar más matices del espectro agresivo. En este espacio se trata de que tanto tú como tu hija os entreguéis a la

---

11. Psicomotricidad relacional de Bernard Acouturier.

vivencia de experimentar la rabia. Si tu hija polariza hacia el sector rojo del cuentarrevoluciones, probablemente no hará falta que la incentives a entrar. Cuando vea ese espacio preparado y le des el permiso para poderlo experimentar, probablemente se tirará de palomita y se enzarzará en un juego agresivo fuerte. Tu función como acompañante será la de darle un juego fuerte también. A este tipo de niñas les gusta mucho cuando la persona adulta se transforma, por ejemplo, en un monstruo: con la fuerza de monstruo y los rugidos propios de este. Ante este ser, las niñas quieren atacarlo, matarlo, destrozarlo, etc. Las personas adultas que acompañamos el juego debemos implicarnos de lo lindo y comprender que, en algún momento, es importante que sientan que pueden vencernos, matarnos, destrozarnos. Esto sí, siempre dentro del contexto del juego y con unos límites bien marcados antes de empezar (por ejemplo, no golpear sin un cojín; no saltar encima de la cabeza; no morder la piel —para evitar esto es importante que haya alguna parte del monstruo que sí pueda ser mordida. Yo me construí una cola rellena de telas y allí podían morder todo lo que querían—; etc.). Expresar la energía agresiva cotidianamente, en un espacio cuidado y acompañado, va a hacer que esta niña regule la necesidad de manifestar su rabia en espacios no preparados para ello, puesto que ya va a tener un lugar donde esto le es permitido, a la vez que va a encontrar un rival digno de su nivel con quien jugar.

Si por el contrario tu hija es de las que polariza en la parte baja del cuentarrevoluciones, te propongo que empieces con un juego más sutil y amable. Puedes empezar proponiéndole apilar cojines para hacer una torre grande. Una vez que la tengáis construida invítala a que la empuje con fuerza y la desmonte. Si no se anima, puedes empezar tú e invitarla —la próxima vez— a hacerlo juntas. Se trata de que poco a poco se vaya conectando con su fuerza, con su capacidad agresiva a través del movimiento respetuoso y seguro que le propicia el juego del País Blando. En las niñas más pequeñas la psique y la psicomotricidad van de la mano. De esta manera, cuanto antes empieces con este juego con tu hija, antes va a poder crear conexiones entre lo que vive con su cuerpo y sus patrones de conducta psicológicos.

En ambos casos es importante que las avises con tiempo antes de acabar el juego para que tengan tiempo de despedirse del espacio y de la dinámica. Muchas veces ayuda tener preparado un rincón gráfico con colores y hojas de papel. Las puedes invitar a dibujar lo que han vivido en el País Blando. Una vez que hayan acabado, pueden compartirlo contigo. ¡Estoy segura de que vas a poder experimentar cambios a medida que lo practiques!

Vivir en el miedo no es vivir,
sino sobrevivir.

Emociones: miedo

Para hablar de las emociones me he basado en la división clásica de las cuatro emociones básicas: rabia, miedo, tristeza, alegría. Los últimos estudios de la Universidad de Glasgow concluyen que existen cuatro emociones básicas. La observación se basaba en el movimiento de los músculos faciales implicados en cada emoción. De esta manera se concluyó que no eran seis —como Paul Ekman había definido—, sino cuatro, puesto que el miedo y la sorpresa comparten una movilidad facial inicial, y el asco y la rabia también.

De estas cuatro emociones básicas, hay dos que polarizan hacia la expansión y el movimiento, y otras dos que polarizan hacia la contracción y el retrotraimiento. Tanto la rabia como la alegría son emociones que hacen que, cuando las vivimos, la energía de nuestro cuerpo se expanda desde el centro hacia las articulaciones, disponiéndonos para el contacto con el entorno y el movimiento que va de dentro hacia fuera. En cambio, la tristeza y el miedo son emociones que, al sentirlas, provocan que nuestro cuerpo se haga un ovillo. La energía corporal se concentra en la zona del tronco, donde están las vísceras, en señal de protección y acurruco. Cuando vivimos estas dos emociones, nuestro cuerpo pierde la energía de las extremidades y la tendencia es a la no movilidad.

Trata de no creerte lo que te cuento y experiméntalo. ¿Cómo te colocarías si te acabara de tocar la lotería? ¿Y si suena la sirena de un bombardeo aéreo? ¿Cómo sería para ti que te acabaran de robar el móvil en tus narices? ¿Y si te acaban de dar una mala noticia?

Para poder acompañar las emociones en tus hijos es primordial que sepas de qué estamos hablando. La vivencia de lo anterior es probable que te proporcione mayor percepción de dónde se sitúan las emociones en tu cuerpo y así puedas comprender mejor a tu hijo en los momentos en los que las experimenta.

En este capítulo me voy a centrar en la emoción del **miedo**. Después de leer lo anterior, ya habrás sentido lo paralizante que puede llegar a ser esta emoción. Vivir en el miedo no es vivir, sino sobrevivir. La energía que nos proporciona la vida plena es el amor (no lo confundas con el enamoramiento), y el miedo tiene la propiedad antagónica a este. Así que cuando vibramos en la emoción del miedo, suprimimos la frecuencia del amor y, por consiguiente, nos perdemos las maravillas de la vida en todo su esplendor.

Cuando los niños experimentan miedo, normalmente lo que buscan es ser escuchados, cobijados, acurrucarse en nuestra cama y que los abracemos fuerte mientras les susurramos al oído que todo va a estar bien. Ellos buscan la protección donde saben que la pueden encontrar: en su madre y en su padre. Por desgracia existen niños que sobreviven en el miedo y no tienen un regazo donde refugiarse. ¡Qué triste puede ser el mundo a veces! Lo importante es pensar que tu hijo sí puede disponer de ese nido de calma y seguridad donde recurrir cuando lo necesite. Criar niños con esta sensación de apego y amor va a posibilitar que, poco a poco, los adultos que van a habitar el mundo tengan un fondo de bondad y bienestar suficientemente arraigado para expresarlo a su alrededor.

Cuando los niños tienen miedo, a menudo, para que no sufran, les decimos frases del tipo: «No seas miedica, ¡hombre!», «¡Pero si no pasa nada!», «Venga, apaga la luz y duérmete», «Pero ¿cómo te va a dar miedo ir al cole? ¡No seas perezoso y vístete!», etc. Y no nos damos cuenta de que ignoramos esa sensación tan fuerte que los invade al sentir miedo. Al no reconocer su emoción hacemos que se la «traguen». No se la validamos y, por lo tanto, aprenden a retenerla cuando la sienten porque saben que no será tenida en cuenta. ¿Recuerdas lo que hablábamos en el capítulo anterior sobre las emociones prohibidas? Pues aquí sucede lo mismo.

El miedo, igual que cualquiera de las otras emociones, cumple un papel fundamental y adaptativo en nuestra especie. Nuestro cerebro más mamífero gestiona el miedo como una información que tener en cuenta sobre algo que sucede en el entorno. Por ejemplo, si voy caminando por el muelle y el oleaje empieza a crecer y golpear fuerte contra los espigones, es adaptativo que mi miedo se despierte y mi cerebro procese la orden de alejarme de las rocas para no ser tragada por la marea. El miedo es un aliado que me ha ayudado a retirarme a tiempo de una situación que podría haber acabado mal.

De igual forma, aparecen miedos que no tienen razones concretas de ser ni de existir, que no responden a amenazas reales. O, a menudo, estas amenazas son sobrevaloradas y llevadas a un extremo que puede generar mucha ansiedad para los niños y para los adultos que los acompañan. Vivir con este miedo patológico crea una disfuncionalidad en las conductas diarias: miedo de estar a oscuras, de ir al lavabo solo, de ir a la escuela, de probar una actividad nueva, etc.

Los miedos se van transformando a medida que los niños crecen y evolucionan. Con la edad y las suficientes experiencias vitales, deberían ir asimilando miedos antiguos e integrarlos como parte de su trayecto. Cada vez son más hábiles en la comprensión abstracta de sus vivencias. De esta forma, el poder comprender y superar episodios de miedos que en etapas previas los bloqueaban, genera una gran autoestima y los conecta con su capacidad interna de poder sostener otros posibles miedos que aparezcan, puesto que habrán comprendido que las situaciones más espantosas, con el tiempo, pueden superarse y transformarse.

Por ejemplo, un bebé pequeño puede tener miedo de separarse de su madre porque todavía no ha integrado la vivencia de que la mamá se va, pero vuelve. Pasados unos meses, este niño ya ha madurado lo suficiente como para comprender que, aunque no ve a su madre, esta lo ama igual y va a regresar a buscarle. Con el tiempo, sus miedos se van a dirigir a estímulos exteriores como la oscuridad, los petardos o los ruidos fuertes, a perderse en un supermercado, etc. También van a aparecer los miedos a personajes imaginarios, monstruos y sombras. A lo largo de su evolución, estas situaciones van a quedar atrás porque habrá desarrollado suficientes estrategias como para superarlas. A partir de los seis o siete años, los miedos se centrarán más en la interacción con los iguales y serán más realistas y específicos: miedo a hacer el ridículo, a que me castiguen, al dolor, a los médicos, accidentes, etc.

Los miedos pueden tener varias fuentes de origen. A menudo cabe observar cómo los adultos vivimos ciertas situaciones. Si a mí me dan pánico las arañas, y cada vez que veo una en casa pego un grito y salto encima del sofá, existe la posibilidad de que mi hijo integre que las arañas son animales peligrosos a los que hay que temer. Y créeme, ¡no lo son en absoluto!

Existe también la comparación con vivencias previas que les han causado dolor o susto. Si a tu hijo le ha mordido un perro, puede pasar que durante un tiempo, cada vez que vea un perro, tenga miedo. Poco a poco, y con tu acompañamiento, puede ir comprendiendo que hay perros que son más amigables que otros. También le puede ayudar aprender a leer el lenguaje de estos animales: si mueven la cola, si están comiendo, si aprietan los dientes, etc.

Otra manera de perpetrar el miedo en los niños es con las conocidas amenazas que lo generan. Seguro que a más de uno de vosotros os suena aquello de «Si no te acabas la comida, va a venir el lobo y te morderá», «Si te portas mal, te encierro en el cuarto oscuro», o la tan dulce canción de cuna «Duérmete niño, duérmete ya, que vendrá el Coco y te comerá» (¡¿quién lograba dormirse después de esto?!). Revisarte para saber cómo le hablas a tu hijo es importante para transformar el acompañamiento emocional en relación con miedo. No podemos introyectarlo por un lado y tratar de acompañarlo con amor y respeto por otro, ¿cierto? Esto no crearía más que una comunicación muy paradójica para los más pequeños que se sentirían totalmente perdidos con tu forma de criar.

La cuestión aquí es saber cómo poder lidiar con los miedos infantiles de una manera respetuosa. Primero deberías preguntarte qué es lo que te pasa a ti cuando tu hijo manifiesta miedo. Es probable que muchas veces ignoremos esa emoción porque no deseamos que sufran, o estamos cansados de nuestro día y no tenemos paciencia, o no sabemos cómo hacer frente a esos monstruos pelu-dos que viven en la bañera y parecen no irse nunca, etc., y acabamos diciéndoles que «no pasa nada», «son imaginaciones tuyas», «no seas miedica», etc.

El juego que te propongo a continuación te ofrece una propuesta diferente sobre este acompañamiento.

JUEGO EN FAMILIA: UNA HISTORIA DE MIEDO

Para realizar este juego, en primer lugar es preciso que conozcas cuál es el miedo de tu hijo con el que vas a trabajar. Tomaos un momento los dos para charlar y compartir esos miedos que le atormentan. Es importante que sea él quien escoja el que quiera priorizar para jugar a este juego. Y no se trata de jugar solo con uno de ellos. ¡Cada día puede escoger un miedo distinto si quiere!

Una vez definido el miedo, de lo que se trata es de que tu hijo disponga de un espacio con material gráfico y plástico (colores, ceras, cola, purpurina, barro, plastilina, telas, etc.) para poder crear un dibujo de aquello que le provoca miedo. A veces puede ser algo muy concreto como un perro, otras veces algo más abstracto como la oscuridad. Sea lo que sea es importante que pueda plasmarlo en un dibujo de la forma que lo conciba. Dale su tiempo para que lo realice, y consúltale si le gustaría usar algún material que no tenga al alcance. Los niños son muy creativos si les permitimos el espacio y el tiempo para ello, así que abrirse a sus peticiones, por más variopintas que sean, va a reportar grandes sorpresas para nosotros los adultos.

Cuando el dibujo esté completo puede avisarte, si es que no estás a su lado. Puedes pedir que te lo explique, que te muestre qué es lo que ha plasmado en esa creación. Cuanto más mayores son los niños, más detalles complejos aportan en sus composiciones, y más realistas son estas. Escúchale con atención y sin juzgarle. No vale decir: «¿Y por qué no pintas de gris esto?» o «¿No crees que este árbol es demasiado grande?», etc. Limítate a recibir lo que te dice, y si algo no te resulta claro, puedes pedirle que te lo repita o te lo explique.

Una vez que conoces su miedo, lo has visualizado en su dibujo y habéis hablado de él, llegó el momento de crear una historia alrededor del dibujo. Será una historia con un principio, una trama y un desenlace. Puedes usar estas tres pautas:

Inicio: Había una vez...
Trama: Entonces sucedió que...
Final: Y al final...

¡Que no te dé miedo la hoja en blanco! Aprovecha esta ocasión para, junto con tu hijo, soltar tu imaginación y tejer una historia juntos. A medida que vayáis elaborándola, la podéis ir escribiendo en una hoja donde poder hacer cambios y rectificaciones. Una vez terminada, pregúntale a tu hijo si se identifica con algún personaje. Y si tuviera que darte uno a ti, cuál te daría. Tratad de representar, ahora en formato más teatral, la interacción entre estos dos personajes. Tal vez hace falta que hayan más roles en escena, y así podéis implicar a más miembros de la familia o incluso a amigos que quieran jugar.

Si la historia de tu hijo tiene un final en el que el miedo gana, te animo a que, a medida que os vayáis acercando al desenlace, le preguntes si le gustaría cambiar algo del final de su historia. Si decide cambiar y vencer al miedo, deja que experimente el camino que elija para hacerlo. Después ya podréis discutir si las formas fueron las adecuadas, o respetuosas, o realistas. Pero en el momento del juego simbólico, permítele que exprese su deseo de vencer al miedo.

Si, por el contrario, en el final de su historia el miedo es el vencedor y no quiere cambiarlo, permítele que experimente ese punto final en el rol que ha elegido. Una vez acabada la función, le puedes pedir que haga un dibujo de cómo se visualiza a él mismo una vez que ya haya superado ese miedo. Le puedes preguntar: «Imagínate ahora, que llega un día en que esto ya no te da miedo y puedes superar este pavor que sientes. ¿Puedes hacer un dibujo de cómo te sentirías? ¿Y dónde quedaría ese miedo?». Una vez hecho el dibujo podéis jugar a descubrir los pasos que le llevarían a esa situación, y cuál sería su rol en cada uno de ellos.

Esta es una modificación de una técnica de la PNL para tratar las fobias. Se basa en visualizarse una vez superada la situación paralizante y ver que hay luz después de las tinieblas. Una vez logrado este punto, se crea una línea imaginaria en el suelo que simboliza el paso del tiempo. En un extremo se coloca tu momento actual (de miedo o fobia), y al otro la situación en la que ya lo habrás superado. Le pides a la persona que se coloque en el extremo final y que, poco a poco y a su ritmo, vaya dando un paso a la vez hacia atrás. Que vivencie las dificultades de estar dentro de ese miedo sabiendo que, si en algún momento se le hace demasiado difícil, siempre puede volver al punto imaginario donde ya lo ha superado todo y volver a respirar. Es un método muy efectivo para los comportamientos fóbicos usando técnicas proyectivas.

Con este juego no se trata de que juegues a ser el/la terapeuta de tu hijo. Obviamente habrán muchos matices que se te pueden escapar al no tener la visión profesional ante este tipo de dinámicas. De todas formas, el hecho de que puedas acompañar su miedo, tanto con tu escucha como con el juego, va a facilitarle a tu hijo el canal de comunicación cuando necesite ser escuchado. Poder trabajarlo contigo va a fortalecer su autoestima y su propia capacidad para superar este tipo de situaciones.

La tristeza
aparece en nuestras vidas
para regalarnos la posibilidad
del cambio de mirada.

Emociones: tristeza

Como ya hemos visto en el capítulo del miedo, tanto este como la tristeza son emociones centrípetas, que acumulan la energía del cuerpo en la zona del tronco y, por lo tanto, ejercen cierto inmovilismo corporal. A diferencia del miedo, la persona que vive en la tristeza tiene un marcado carácter pesado, una actitud apagada y una falta de brillo en los ojos. La tristeza es una llamada a estar en la cueva, a ir hacia dentro, recogernos y hacernos un ovillo. Es una emoción difícil de sostener para quien no comprende el inmenso valor que conlleva.

En esta vida que vivimos, donde nos venden que estar alegres —es decir, salir y consumir— es lo más *cool*, y que si no puedes estarlo las veinticuatro horas del día los siete días de la semana es que tienes un problema (y mejor vete al psiquiatra y que te recete algún antidepresivo), es difícil sostener la tristeza sin tener la sensación de que hay algo en ti que va mal.

¡Ojo!, no me malinterpretes. Como psicóloga y psicoterapeuta, a lo largo de mis años de clínica, me he encontrado con personas que sufrían mucho debido a su tristeza. Normalmente es gente que se ha visto atrapada por el manto aplacador de esta emoción, en momentos en los que no han tenido ni la fuerza ni el apoyo externo suficientes para salir de ese lugar. Pero aquí no vamos a hablar de la tristeza patológica que puede derivar en depresión o distimia. De lo que aquí se trata es de poder manejar la tristeza cotidiana de tus hijas para que esta no se transforme en una emoción prohibida y encuentre un buen canal de salida cuando aparezca.

Como siempre, te animo a que primero revises tu propia relación con esta emoción. ¿Qué te provoca sentir la tristeza? ¿Te la permites cuando aparece?

¿O la evitas? ¿Cómo es para ti acompañar a alguien que está triste? ¿Qué es lo que necesitas hacer cuando tienes esta emoción cerca?

Una niña triste nos rompe el corazón, y normalmente queremos sacarla de ese estado que experimenta. Las adultas, a menudo, no soportamos la tristeza de nuestras hijas a no ser que la hayamos provocado nosotras como consecuencia de una reprimenda o de la imposición de un límite. Entonces es más probable que podamos sostenerla porque entendemos el motivo y nuestra mente racional se queda tranquila. En el caso de que no sea así, y que de repente veas a tu hija triste, estarás de acuerdo conmigo —y más si tienes este libro entre las manos— en que lo primero que viene a tu mente es el deseo de tranquilizarla y sosegarla. Aunque hayas aprendido a no obedecer a tus impulsos y puedas acercarte de una manera más serena a esa niña triste, ¿qué es lo que hace que sientas querer parar ese momento de tristeza? ¿Actuarías igual si se tratara de una explosión de alegría? Cuestiónatelo. Te invito a que puedas tomar un sentido crítico del condicionamiento que tenemos en el ámbito emocional (y en muchos otros, ¡claro está!). Pareciera que hay emociones que podemos permitirnos desde pequeñas y otras que debemos sacudirnos de encima a toda costa.

Cuando las niñas experimentan tristeza, normalmente adoptan una postura corporal de encogimiento. Los hombros están caídos; la cabeza, baja. La mirada pierde brillo y fuerza, y toda la persona carece de tono vital. Si pudiéramos caricaturizarlo, incluso haríamos que esa niña arrastrara los pies y que la barbilla se le hundiera en el pecho. A menudo, la tristeza infantil, si no está prohibida, viene acompañada de llanto. Y aquí está otro de los factores que acompañan esta emoción que molesta-remueve-inquieta a las adultas que las acompañamos.

¿Qué hacemos con el llanto? ¿Es bueno que las niñas lloren?

Esta no es una pregunta de respuesta sencilla, y seguro que despierta más de una alarma al leer mi respuesta. Yo te diré que sí, que es bueno, sano y necesario que las niñas lloren. Aquí lo importante que hay que matizar es cuál es el motivo por el que lloran. Considerando que estoy hablando con una persona adulta sensible y empática, sin anhelos reprimidos de hacer daño a sus hijas ni maltratarlas o abusar de ninguna manera de ellas, comprendo que los motivos por los que tu hija puede llorar, o bien serán ajenos a ti, o bien tendrán un motivo razonable y coherente.

Pongamos un ejemplo. A Aina le encanta su nuevo patinete. Va con él a todos lados y ya ha logrado dominar la técnica del frenado y del giro sin caerse. Cada vez que baja a la calle, pregunta si puede llevárselo porque es lo que más ilusión le hace del mundo entero (bueno, esto y ¡los pasteles de chocolate de su abuela!). Hoy te has propuesto bajar a la calle tan solo para comprar un poco de mozzarella que necesitas para cocinar esa pizza tan rica que sabes hacer. Serán tan solo cinco minutos porque ya tienes el horno en marcha y la masa hecha, los ingredientes dispuestos encima, y en el último momento te has dado cuenta de que te faltaba el queso. Te acercas a Aina y le dices que se ponga los zapatos y la chaqueta porque vais a ir juntos a comprar. «¡La calle!», piensa Aina, mientras se le aparece, *ipso facto*, la imagen de ella montada en su patinete y gozando por la plaza. Se levanta disparada y se prepara para ir a comprar con su ¡patinete!, claro está. Tú, que ya ves sus planes, te apresuras a decirle que ahora no va a dar tiempo de patinar, y que para eso va a haber tiempo luego, cuando llegue la mamá y hayan comido los tres. Aina, que ve truncada su ilusión de patinar, suelta el patinete de golpe mientras su cara se hunde en el abrigo y los lagrimones empiezan a brotar de sus ojos.

Que Aina conecte con la tristeza es algo inevitable en ese momento. ¿Le permitirás bajar con el patinete a sabiendas de que vas a retrasar la comida?

¿Le espetarás que es una pamplinas y que la situación no da para ponerse así? ¿Dejarás de ir a comprar queso por no bajar a la calle? ¿O sostendrás su tristeza, verbalizándole que comprendes cómo se siente, y que está bien que la exprese?

Aquí no hay respuestas correctas ni incorrectas. Lo que sí hay son comportamientos que, repetidos, pueden prohibir una emoción, desordenar los roles dentro de la familia, generar hijas-tiranas o, por el contrario, construir una capacidad empática y de escucha que fortalezca los vínculos entre vosotras.

El llanto cumple una función adaptativa muy importante. Filogenéticamente, no es hasta los cromañones cuando el nervio óptico se une con la región límbica del cerebro encargada de gestionar las emociones.[12] En este punto empieza un salto evolutivo importante. Estudiando la bioquímica del llanto se ha observado que este provoca una descarga de opiáceos y neurotransmisores relacionados con el sosiego y el bienestar en el torrente sanguíneo. Cuando lloramos, sanamos nuestras angustias gracias a nuestra química interna. Y si además el llanto es arropado, gracias al acompañamiento de alguien que nos brinda una mirada segura y con presencia, resulta totalmente transformador. En mis talleres sobre el llanto, las personas pueden llegar a experimentar lo beneficioso de dejarlo expresar en sus hijas y cómo poder acompañarlo con amor y respeto.

La tristeza no siempre viene acompañada del llanto, sobre todo cuando ya hemos aprendido que a nuestro alrededor molesta, no es acogido o no provoca el efecto que deseamos.[13] En estos casos, aprendemos a «tragarnos» las lágrimas evitando que la bioquímica haga su efecto regenerador. O bien aprende-

---

12. Te recomiendo la lectura de *El clan del oso cavernario*, de Jean M. Auel, para poder comprender mejor estas diferencias evolutivas. O bien ver la versión cinematográfica, que está muy bien conseguida.

13. Como en el conocido método del Dr. Estivill de dejar que los niños pequeños lloren de angustia cuando les obligamos a dormir solos en una habitación separada de la nuestra.

mos a provocarnos lágrimas de cocodrilo cuando hemos comprendido que ese fluido maravilloso que emana de nuestros ojos moviliza a las adultas de nuestro alrededor para satisfacernos con todo aquello que pedimos y necesitamos con tal de que cerremos el grifo. Fíjate aquí en que lo que decimos de que «las niñas nos manipulan» no es sino un aprendizaje acelerado de aquello que el entorno les propicia. ¡Atenta a tu relación con el llanto, pues!

Antes de enunciarte el juego que te propongo para esta emoción, déjame que revise la cuestión de los beneficios de la tristeza con que empezaba este capítulo. Seguro que te suena raro pensar que la tristeza pueda tener algún tipo de beneficio, pero si en lugar de pensar en términos de ganancias piensas en los beneficios como información, puede ser que no se haga tan difícil de integrar el concepto. Estamos acostumbradas a entender los beneficios como algo que obtenemos en términos aditivos. La tristeza aparece en nuestras vidas para regalarnos la posibilidad del cambio de mirada, el poder comprender el beneficio como una pérdida y, aun así, agradecerlo. Cuando las personas conectamos con la tristeza dejamos de tener ganas de hacer cosas, de salir, de movernos, etc. Podríamos decir que perdemos la conexión con una energía que implica ir más hacia afuera. ¿Y si realmente lo que necesitamos en ese momento de nuestra vida es parar, ir hacia dentro, dedicar tiempo a pensar y así poder tomar decisiones desde la serenidad de haber estado en contacto con nuestro interior? ¿Puedes ver esta pérdida como un beneficio? Ya sé, me dirás que no tienes tiempo para todo esto. Y yo te responderé que el tiempo es relativo, y que si te toca atravesar la tristeza y no te lo permites, volverá con más fuerza. Nada en el universo se pierde, siempre vuelve a darte el mensaje que necesitas escuchar.

Cuando tu hija se sienta triste, invítala a escuchar qué es lo que necesita en ese momento. En el ejemplo de antes, Aina te diría que bajar a la calle con su patinete. Pero como no va a poder ser, tal vez encuentre que el hecho de no salirse con la suya va hacer que reciba un buen abrazo comprensivo de su padre. Tal vez, y dependiendo de su edad, hasta se dé cuenta de cómo se siente cuando no la dejan patinar y cuán apegada está a ese juguete. Tal vez, vivir su tristeza acompañada le permita construir un fondo firme y estable sobre el que construir su capacidad de sostener su propia tristeza más adelante en su vida, comprendiendo que siempre trae un mensaje que escuchar.

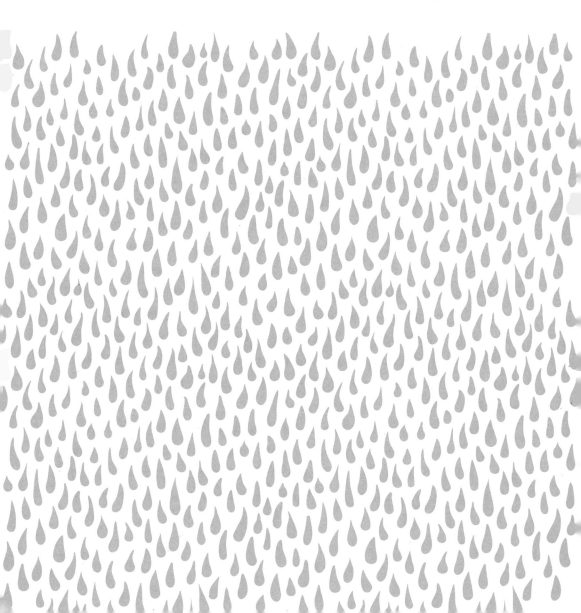

JUEGO EN FAMILIA: UNA HISTORIA TRISTE

Para este juego, vas a necesitar un espacio cómodo y tranquilo, con varios elementos que vas a utilizar para narrar una historia. De lo que se trata es de contarle a tu hija una historia con referencias reales sobre una situación en la que ella haya experimentado tristeza y se le haya hecho difícil salir de ella o vivirla bien.

Para las niñas, las historias y los cuentos son herramientas maravillosas con las que sentirse identificadas. Activan una parte de su cerebro que tiene que ver con lo simbólico y lo imaginativo —el hemisferio derecho— y que les permite poder llegar a identificarse con el protagonista de la historia, sobre todo si cuando la preparamos ya pensamos en alguna vivencia relacionada con su historia vital.

El uso de elementos del ambiente (muñecos, Lego, maderas, cucharas, etc, ¡lo que tengas a mano!) atrae más la atención de las niñas y les permite que, a la larga, puedan ellas mismas contarte sus propias historias con cualquier elemento figurativo, transformándolo en aquello que se imaginen. Cuanto más abstractos sean los objetos que uses, más juego van a tener. Una piedra puede ser un león un día, un coche otro, o una piedra el tercero. En cambio, un camión de juguete, solo puede ser un camión.

Así que puedes jugar a esto cuando sientas que tu hija está atravesando una situación que la conecta con la tristeza y no sabes muy bien cómo hablar de ello y cómo acompañarla. Si no estás acostumbrada a inventarte historias para niñas, no sufras. Sé espontánea y deja que tu hija te ayude con la historia. ¡No tendrás mejor voz en off! Puedes prepararte un poco el guion de lo que vas a querer contar. Por ejemplo, si tu hija está triste porque su mejor amiga no quiere jugar con ella, o porque no ha logrado superar la prueba de gimnasia para ir a la competición, etc. Ese será el tema principal sobre el cual narrarás tu historia. Ahora, recreas un escenario usando los elementos que tengas más a mano. Si te animas, incluso puedes moldearlos con barro o plastilina. Lo que sea más fácil y cómodo para ti. No te cortes y déjate llevar por el convencimiento de que vas a ser capaz de realizarlo. No hay nada que les guste más a las niñas que el que sus padres les cuenten historias. ¡Ánimo!

A medida que avances en la historia, es probable que tu hija se sienta identificada con alguna de las vivencias que transita el/la protagonista. Lo más importante de este juego es el momento álgido de la narración, cuando el personaje principal está sumido en su tristeza. Una vez que estéis aquí, debes incluir activamente a tu hija en la resolución de la trama. Pregúntale: ¿y tú qué harías aquí? ¿Cómo crees que este personaje puede salir de su tristeza? ¿Se te ocurre alguna manera de cambiar lo que aquí sucede?

Permitir que ellas construyan alternativas de actuación de las vivencias similares a las que han vivido les proporciona herramientas para llevárselas a su vida cotidiana.

Recuerda terminar el juego con una pequeña reflexión, si está dispuesta a escucharte, sobre lo acontecido en la historia y sobre sus aportaciones.

¡The end!

¡The end!

La felicidad
es un estado interno que
solo puede ser activado
desde dentro.

Emociones: alegría

Tal vez te preguntes por qué incluyo la alegría como un capítulo más de este libro, ¿verdad? Así como cuando hablábamos de las otras emociones básicas —rabia, miedo, tristeza— se pudiera comprender la necesidad de acompañar a los niños que se estancan en ellas, ¿por qué esa necesidad con la reina de las emociones? ¿Por qué querer sacar a un niño de esa sensación tan maravillosa?

Antes de seguir, te propongo algo. Dedica un momento a sentir la emoción de la alegría (igual que te proponía en el capítulo de la rabia). Conecta con algo en tu vida que te haya aportado una gran alegría. ¿Lo tienes? Bien, pues ahora te pido que dejes un momento el libro aparte y te levantes para representar tu alegría en forma de estatua. Lo que te pido es que encuentres una posición —que vas a mantener estática— que pueda representar para quien la mire una alegría proporcional a la que tú sentiste en ese momento que has escogido. Cuando estés en esa posición, te voy a pedir que la mantengas durante cinco minutos. ¿Preparado? Pues te veo cuando pase este rato.

◊ ◊ ◊

¿Lo lograste? ¿Has podido sostener esa alegría inmensa durante los cinco minutos? Es probable que no, y si lo has logrado realmente, ¿a costa de qué? ¿Te dolían los brazos? ¿La boca? ¿La nuca?

Durante los talleres de inteligencia emocional que realizo con familias, me he dado cuenta de que la emoción que más cuesta de sostener durante un largo período de tiempo es la alegría. Resulta desmesuradamente desgastante de mantener. ¿Comprendes ahora el porqué de un capítulo que trate sobre la alegría en los niños?

Como ya enunciaba en un capítulo anterior, vivimos en un mundo falso. ¿Te habías dado cuenta? La mayoría de los hogares centran su vida alrededor del televisor. Solo hace falta entrar en un comedor y ver como todo se dispone en función de ese electrodoméstico. Hemos sustituido el calor del fuego y las historias que se narraban a su vera por un amasijo de cables y luces que proyecta una realidad muchas veces muy alejada de nuestras vivencias. Este instrumento de control social se encarga de recordarnos constantemente lo importante que es vivir feliz para tener una vida plena y confortable. De esta manera, podremos consumir muchísimo y alimentar las arcas del sistema capitalista y patriarcal que nos gobierna. Pero este tema daría para otro tipo de libro.

Lo importante aquí es darnos cuenta de hasta qué punto estamos influenciados por esta propaganda del bienestar que acabamos confundiendo la felicidad con la alegría. ¡Y no tienen nada que ver! La felicidad es un estado interno de integración de nuestras vivencias y emociones, ya sean de alegría, de tristeza, de miedo o rabia. Como ves, la felicidad trasciende la alegría y abraza cualquier estado emocional en el que nos encontremos. Se trata de aceptar, poder sostener, integrar y transformar —si cabe— aquello que nos trae la vida; no es la capacidad de anular lo que no nos gusta y quedarnos solamente con la alegría, porque, como habrás comprobado, es totalmente insostenible durante un tiempo largo. Si vuelves a las sensaciones corporales que tuviste durante este breve lapso de tiempo, probablemente te darás cuenta de que lo que te hubiera apetecido —o lo que hiciste— para mitigar el dolor de la alegría era relajar la tensión y aflojarte. ¿Recuerdas que dos emociones concentraban la energía corporal en el tronco y relajaban las extremidades? ¡Bingo! La tristeza y el miedo.

Es probable que como madre o como padre quieras que tus hijos sean felices. Es muy honorable y muy lícito. Aunque debes saber un par de cosas: la primera es básicamente todo esto que venimos explicando. La felicidad no es vivir en alegría, sino poder caminar por la vida sosteniendo aquellas emociones que se nos despierten y respirarlas sin miedo a su presencia. Si las ahuyentamos, nunca podremos recibir aquella información tan preciada que vienen a transmitirnos. Recuerda que cada emoción trae un mensaje importante para nuestro desarrollo.

La segunda cosa que debes tener presente es que no eres responsable de la felicidad de tus hijos. Te lo voy a repetir: no es tu responsabilidad el que tus hijos sean felices o no. **La felicidad es un estado interno que solo puede ser activado desde dentro**. Tratar que tus hijos sean felices por tus méritos es quitarles toda su soberanía personal y su poder de alcanzarla. Sí que es cierto que, como madre o padre, tus comportamientos, actitudes, modo de vida, etc. les va a influenciar. Es verdad que vas a ser su referente en temas de valores y emociones —entre muchos otros—, y por eso es muy importante que puedas revisar de qué manera vives tu vida y qué es lo que les estás transmitiendo. Pero si crees que el hecho de que estén alegres les va a reportar la felicidad, te aseguro que va a tener el efecto opuesto a la larga. ¿Quién va a ahuyentarles sus incomodidades y miedos cuando tú no estés cerca? ¿Cómo lograrán sostener su ira cuando no estés tú para frenarlos?

Los siete primeros años de nuestras vidas son determinantes para el desarrollo de nuestra personalidad adulta. En ese corto período de tiempo, nuestra sensibilidad es tal que lo que recibimos lo absorbemos a un nivel estructural profundo, es decir, que la huella de nuestra infancia va a marcar los pasos que demos en nuestro camino vital. Criar hijos con el mandato «sé feliz», puede causar mucho daño a esos seres que, por momentos, necesitan sentirse tristes, enfadados, con miedo, etc. De modo que, ¡importante!: retener la diferencia entre propiciar la felicidad con un acompañamiento que aporte presencia y sostén emocional cuando lo necesiten; y una obligación de vivir en la alegría-felicidad en beneficio de sentirte una buena madre o un buen padre.

Por otro lado, existen niños que no se permiten vivir la alegría en determinados momentos de su trayectoria infantil. Si detectas que tu hijo es un niño que raramente expresa alegría, te invito a que indagues un poco más acerca de esa actitud que manifiesta. La vida de los niños se va haciendo cada vez más compleja y más amplia al salir del hogar para ir a una escuela, o a actividades fuera del ámbito y el cobijo maternal o paternal. De esta manera pueden estar viviendo situaciones que desconozcas y que les repercuten en su bienestar interno. Si eres un padre o una madre presente, sabrás detectar los cambios de humor de tu hijo. Y recuerda que no es malo que muestren enfado o tristeza o rabia. Pero existe una gran diferencia entre vivir sanamente estas emociones y dejar de manifestar alegría de forma perpetua. Si te surgen dudas, también puedes consultar con un profesional para que te oriente.

Para este capítulo te ofrezco un juego que puede ayudaros tanto a conectar con la alegría cuando esta se ve menguada, como a notar la diferencia entre lo que es sano y lo que es patológico de esta emoción.

JUEGO EN FAMILIA: LOS OPUESTOS

Para este juego vas a necesitar hacer un poco de investigación sobre qué actividades gustan a tus hijos y cuáles te gustan a ti. Puedes establecer un máximo de diez por participante. Con unas cartulinas pequeñas, haces tarjetas —escritas, dibujadas, con *collage*, etc.— que representen estas actividades. Establecéis un orden de juego y se hacen tantos montoncitos como personas jueguen. Cada una tendrá su propio grupo de actividades, escogidas según sus gustos.

Este juego consiste en experimentar la alegría de realizar una actividad que te gusta y al mismo tiempo mezclar con esta emoción otras posibles que surgen al realizar la acción. Por ejemplo: a Nico le encanta surfear. La alegría que siente cuando está en el agua corriendo olas es enorme. Cuando a Nico le salga su tarjeta de «surfear», se tomará un momento —el que necesite— para conectar con esta actividad. Se trata de sentir lo placentero que tiene hacerla. Cuando conecte con esa sensación de alegría, va a levantarse y a expresarla en forma de escultura (como en el ejercicio que te pedía al principio del capítulo). Cuando encuentre el monumento que representa su gozo, va a sostenerlo durante un minuto. Transcurrido ese tiempo (para visualizar el paso del tiempo puedes construir un reloj de arena, que a los niños más pequeños les irá genial para hacer tangible el paso del tiempo), las demás personas que juegan van a presentar tres **«tarjetas-reflexión»** nuevas, comunes para todos los jugadores. En ellas estarán escritas estas tres palabras: *miedo, rabia, tristeza*. Las colocarán delante de Nico y él tendrá que nombrar algún momento en el que cuando realizaba su actividad —el surf— ha sentido alguna de estas tres emociones.

Nico nombra el miedo cuando, algunos días, se aventura a ir a playas donde las olas son más grandes de a lo que él está acostumbrado. Allí siente miedo. Así que Nico se va a tomar un momento para conectar con esa sensación de miedo y la va a representar durante un minuto también. Cuando acabe con esta, va a revisar si ha sentido alguna de las otras dos emociones, la rabia y la tristeza, y si así es realizará el mismo procedimiento.

Al final de tu turno, se trata de que expliques a las demás personas de qué te has dado cuenta. Nico, en este ejemplo, se da cuenta de que, aunque sienta miedo por el tamaño de algunas olas, y rabia por no poder levantarse en todas, al final, la alegría que le provoca estar en el agua y surfear le produce deseos de seguir repitiéndolo una y otra vez.

Cuando tengas por la mano este juego, te propongo una segunda versión donde vas a incluir en cada uno de los montoncitos tarjetas con actividades que no os causen alegría. De esta manera, puede ser una muy buena oportunidad para trabajar situaciones donde no se vive la alegría como emoción principal; pero al incluirla en las «tarjetas-reflexión», puedes encontrar momentos donde sí la sentiste dentro de esa actividad, aunque no fuera lo suficientemente notoria como para calificar esa acción de alegre.

Por ejemplo, a Nico no le gustan los exámenes de Historia. Le causan un profundo aburrimiento —asociado a la tristeza— y nerviosismo —asociado al miedo—. De todas formas, al sacar las «tarjetas-reflexión» y pensar en la alegría, se da cuenta de que cuando le preguntan algo que sabe, la siente. Y también la siente cuando el examen acaba, ¡claro!

Este juego es muy versátil. La primera parte puede servir para conectar más con la alegría, y darnos cuenta de que, para que sea sostenible en el tiempo, en las actividades que realizamos debemos poder permitirnos espacios para las otras emociones, aunque el sentirlas no invalide la sensación global de alegría; y una segunda parte que trabaje más las otras emociones básicas, tratando de buscar el sentimiento de alegría incluso en las situaciones más desfavorables. Con la práctica vais a lograr crear un clima donde trabajar la inteligencia emocional en familia, a la vez que, como madres o padres, obtendréis mucha información acerca de cómo vuestros hijos viven sus emociones.

La jerarquía es clave para tener un sistema familiar ordenado y en equilibrio.

Cohesión familiar

Sea cual sea tu tipo de familia, estarás de acuerdo conmigo en que tener un ambiente cercano y saludable con cada uno de sus miembros contribuye a gozar de una gran calidad de vida. No importa si vives con tu perro y tu hija está en tu casa cada dos semanas, si tienes una familia numerosa y acoges a tu madre y a tu suegra una temporada para que se recuperen de sus viudedades, si vives con tu pareja y ni os planteáis tener hijas, o si tu familia está disgregada y os veis cuando podéis. Es lo de menos. Aquí no voy a juzgar, ni creo que nadie deba hacerlo, qué es mejor o peor. Lo que sí te voy a contar es que, con lo que tengas, trabajes para generar vínculos y relaciones que te nutran y aporten calidad a tu vida.

Muchas veces —y en sesiones clínicas me encuentro con muchas realidades distintas— tratar de tener una relación afectuosa y cordial con los miembros de tu familia no es lo más sano que puedas hacer. Sé que esto que digo te puede provocar un malestar profundo o, por el contrario, una sensación de confort por sentirte comprendido. Sea lo que sea lo que te mueve, no te lo tomes a la ligera. No cojas mis palabras y las lapides, ni tampoco las uses como bandera. Saber gestionar los vínculos intrafamiliares es un proceso que puede tomarte varios años de trabajo interno y personal. Ya decía el sabio: «Si sientes que estás iluminado, vete a pasar una semana con tu familia».

En cualquier caso, lo que intento mostrarte aquí es que si tu deseo genuino y sano es cultivar los vínculos sanos en tu sistema familiar, cabe que tengas presentes varias cosas que pueden ayudarte a poner orden y coherencia en tu tribu.

Tomando los principios de la psicología sistémica[14] voy a enunciarte y explicarte los principios que rigen el equilibrio sano de los sistemas familiares, a los que Hellinger llamó los Órdenes del Amor:

Pertenencia

Según este principio es imposible que alguien no pertenezca a un sistema familiar. Simplemente por el hecho de haber sido engendrado por la unión de dos sistemas familiares, el del óvulo y el del espermatozoide, ese ser que nace de este encuentro ya tiene unos orígenes sistémicos específicos. Cierto es que, hoy en día, puede suceder que no conozcamos la fuente de una de las dos —o de las dos— células primeras. De todas formas, el bebé que sostenemos en los brazos, sea porque lo hemos gestado o porque lo hemos adoptado, posee un origen sistémico concreto. La epigenética ya nos habla de que heredamos de nuestros sistemas familiares, aparte de la carga genética, las disposiciones y respuestas al entorno. Sobre todo en el caso de niñas adoptadas, es imprescindible reconocer este origen, nombrarlo e incluirlo en su historia actual con la finalidad de ubicar a esa niña —que proviene de unos orígenes distintos al entorno que lo incluye— dentro de un árbol genealógico más extenso.

¿Cuándo puede no darse ese principio de pertenencia?

Pues en varias situaciones:

Puede ser que el hecho de nombrar o recordar a un miembro del sistema familiar cause dolor y malestar a los que sí se consideran incluidos. De esta manera, ese miembro pasa a ser silenciado y excluido. Puede ser el caso de miembros que han muerto en condiciones traumáticas y que nom-

---

14. Si quieres profundizar en este tema te remito a la bibliografía de Bert Hellinger.

brarlos o recordarlos produce tanto dolor que se silencia su presencia. También puede ser por personas que han perpetrado comportamientos aberrantes o vergonzosos para el resto de la familia y esto hace que se los excluya.

Existen también las hijas nacidas sin vida. Son muchos los sistemas familiares que sufren abortos, ya sea en una u otra fase del embarazo. O familias que paren bebés muertos, con todo el dolor que esto lleva implícito: esperar la vida y toparse con su estrato final, la muerte. También bebés que sufren de muerte súbita o posnatal en etapas muy tempranas de su vida. Todos estos dolores son obviados, olvidados, y, por lo tanto, excluidos. Tal vez sea importante poder contar las hijas que hemos tenido, no tanto por los que nacieron y siguen con vida, sino por todas aquellas que nuestro vientre acogió. Poder nombrar a los seres que pasaron y se fueron les concede un lugar —el suyo— en nuestro sistema familiar.

Otro factor de exclusión o de no pertenencia al sistema familiar puede ser el hecho de que un miembro de la familia tenga un sistema de creencias y, por tanto, se comporte de una manera radicalmente distinta al *status quo* familiar. Por ejemplo: Aurora ha crecido pensando que tenía una sola tía. En la familia nunca se habló de la hermana de su madre. Ella creía que nunca había tenido hermanas, y los únicos tíos que conocía eran el hermano de su madre y la hermana de su padre. Cuando Aurora cumple la mayoría de edad y, cansada de la rigidez imperante en su hogar, decide pedir una beca de ampliación de estudios en Inglaterra para tomar un poco de aire propio. Ante tal noticia, su madre entra en crisis y le prohíbe terminantemente que lo haga. Aurora, descolocada, no comprende dónde está el problema: le van a pagar toda su manutención, aparte de la matrícula y el billete. ¡Sus padres no deben aportar ni un céntimo! Después de dos días de tensión en casa y de varios cuchicheos en la cocina de sus padres, la mamá de Aurora decide sentarse con ella a contarle la historia de su tía **excluida**: resulta que la hermana mayor de su madre en los años sesenta había tenido una relación con un *hippy* inglés que la había llevado por el mal camino. Según su madre, su tía quedó embarazada a los diecinueve años y ya no volvió de ese «país de pervertidos», según lo llama ella. El contacto se fue espaciando por la distancia y porque su madre nunca pudo perdonarle que se fuera del pueblo donde vivía toda su familia para hacer su vida con un «desperdigado». Aurora comprende todo lo que ha removido su petición de beca en su sistema familiar, aunque manifiesta que ella no es su tía y que no está dispuesta a pagar por algo que no es su historia. Poder hablar de la tía e **incluirla** en el sistema familiar proporciona a Aurora más información acerca de su familia y de esa necesidad de aire y de espacio que ella ha sentido toda su vida en el seno familiar.

Cuando excluimos, sea por la causa que sea, no nos vinculamos desde el amor, y eso daña a nuestro sistema familiar. Poder nombrar e integrar a los seres que han formado parte de él, con sus más y sus menos, con su vida y su muerte, abre la puerta a una energía de aceptación e integración que fortalece y recoloca los lazos sistémicos. Con esto no estoy diciendo que tengamos que aceptar todo aquello que viene de los otros miembros de nuestra familia. Como ya decía al inicio de este capítulo, en algunas familias lo más sano es tomar aquello que no sirve, y soltar el resto. La pertenencia lo que pretende es, tan solo, incluir a aquellos y aquellas que formaron y forman parte de nuestra red de conexiones familiares para darles un lugar: el suyo.

Jerarquía

El principio de la jerarquía es muy importante en lo que nos atañe a este libro. Esta palabra, que a muchas personas les provoca urticaria y que rehúyen como si fuera la peste bubónica, es clave para la comprensión de lo que es tener un sistema familiar ordenado y en equilibrio sano.

Cierto es que existe una gran moda social que promulga la heterarquia[15] y esto llega a confundir algunos sistemas familiares que, con la idea de ser más respetuosos, acaban sobrecargando a las hijas con decisiones y responsabilidades que no les tocan ni por edad ni por jerarquía sistémica.

Me gusta mucho cómo Hellinger habla de este orden del amor. Él dice que «aquella que llegó primera es prioritaria».[16] Las personas que nos preceden jerárquicamente vienen antes que nosotras. Ya no porque tengan más sabiduría, sino porque su conocimiento es superior y es el que vela por el mantenimiento de nuestra familia. Cuando las hijas venimos al mundo somos totalmente dependientes de nuestras madres y padres. Sin ellas —o sin una persona adulta que haga su función— moriríamos de inanición, por temperaturas extremas, por marasmo[17], etc. Es por eso por lo que debemos agradecer haber tenido una madre suficientemente buena[18] —en el sentido de una persona adulta que nos haya maternado con un mínimo de amor, afecto, apego y cuido material— para seguir la vida de una manera más o menos saludable.

¿Cuántas personas, en el intento de criar a sus hijas de una forma distinta, reniegan de todo aquello que recibieron?

Cuando niegas lo que te precede, te niegas a ti misma. Si niegas tus orígenes, si no soportas aceptar de dónde vienes, creas una alteración de la jerarquía sistémica, puesto que no puedes tomar plenamente aquello que te viene dado

---

15. Concepto acuñado por primera vez por Warren McCulloch en 1945. A diferencia de la jerarquía, que promulga un orden centralizado y vertical, y de la anarquía, donde no hay centralización, la heterarquía concibe el orden como consensuado.

16. El género es de la autora.

17. El marasmo se define como una desnutrición energética severa que puede conducir a la muerte. René Spitz investigó esta patología y observó que se daba en niñas que no tenían contacto o vínculo de afecto alguno. «Un niño, si no se toca, se muere [aunque se alimente]».

18. Concepto acuñado por Winnicot, que se refiere a haber tenido unas cuidadoras con una capacidad suficiente de amar y cuidar para haber seguido con vida.

desde los niveles jerárquicamente más antiguos: tu vida; y por lo tanto, te va a costar brillar en tu recorrido vital. No me voy a adentrar mucho más en esta temática, puesto que daría para un volumen completo, pero permíteme que te explique, con un ejemplo, todo a lo que aquí me refiero.

Es probable que alguna vez hayas subido a un avión. Es posible que, al menos las primeras veces, mientras las azafatas recitan las normas de seguridad, les hayas prestado atención. Hay una de estas normas aéreas que me tiene fascinada y que siempre he soñado con poder plasmar en un libro de estas características porque ejemplifica mucho lo que te he estado explicando acerca de la jerarquía. La norma de seguridad dice así:

«En caso de una pérdida de presión de la cabina, se abrirán automáticamente los compartimentos situados encima de sus asientos. Si esto ocurriese, tire fuertemente de la máscara, colóquela sobre la nariz y la boca, y respire normalmente. Asegúrese de tener su máscara ajustada antes de ayudar a otros pasajeros. **Los pasajeros que viajan con niños deben colocarse su máscara primero y luego colocársela a los niños**».

Fíjate en la última frase. Me encanta como este sencillo comando de seguridad enfatiza un principio de orden sistémico tan importante: si tú no te cuidas como adulta, ¿cómo vas a poder cuidar de tus hijas?

Muchas veces escucho el discurso de madres y padres comprometidas con la crianza que me dicen que priorizan la alimentación de su hija a la suya propia, incluso el hecho de permitirse ir de vacaciones y descansar: prefieren que sus hijas se vayan a un intercambio de verano a que toda la familia pueda irse a desconectar una semana al camping de la playa. También me encuentro con madres y padres que se desviven para darles todo lo que quieren sus hijas —que no es lo mismo que lo que necesitan— trabajando muchas horas para pagar viajes, ropa, *tablets*, teléfonos, etc. Caprichos sin los cuales parece que sus hijas mueren.

En resumen: la energía de una madre y de un padre es natural que se dirija hacia el cuido y el bienestar de sus hijas. Ahora bien, es básico e importante que para que la familia esté en equilibrio —y este puede no gustar a todas las partes— debe haber una mirada de cuido y de respeto hacia las necesidades adultas. Si tú no te respetas, no te escuchas y no satisfaces tus necesidades, ¿cómo pretendes que tus hijas lo hagan? Poder decir que no a tiempo va a crear una actitud de empatía y respeto en tus hijas.

Equilibrio entre el dar y el tomar

En primer lugar, voy a decirte que este equilibrio es totalmente asimétrico en el caso de las relaciones madres/padres con sus hijas. Y te cuento por qué. Existe algo muy grande que como madres y padres les damos a nuestras hijas y que estas nunca van a poder devolvernos: la vida. Partiendo de esta premisa, resulta obvio que la situación está en desequilibrio, ¿verdad? Esta es la única relación que no es horizontal, precisamente por el principio de jerarquía anterior que ya has visto.

En lo que se refiere al resto de las relaciones (pareja, hermanas), es indispensable que sientas que lo que das y lo que tomas está en equilibrio.

¿Cuándo se desequilibra este principio?

Existen relaciones de varios tipos en las que la balanza se desequilibra para un lado y para el otro. Hay, por ejemplo, personalidades más dependientes que, con el fin de no quedarse solas, están dispuestas a dar lo que sea sin recibir algo equilibrado. En su caso, el hecho de que la otra parte no desaparezca ya crea una sensación, por otro lado falsa, de equilibrio del tipo «yo me sacrifico y tú te quedas».

Otro tipo de vinculaciones pasan por mandatos que hemos recibido desde nuestra infancia. Imagina que Mar ha recibido el mandato «sé buena». Desde que tiene memoria lo que recuerda tanto de sus padres como de sus abuelas es la repetición de este imperativo. Mar lo ha tomado, y ahora es incapaz de decir que «no» ante situaciones que no la cuidan. Sus relaciones se basan en un dar constante y compulsivo que cumple una finalidad inconsciente infantil de «ser buena». Mar se desgasta y se frustra constantemente con la gente que la rodea porque siente que no recibe lo mismo que da.

Personalidades más narcisistas funcionan con un patrón inverso: solo tomar y nunca dar. Cualquier acción que se dirija más allá de ellas mismas es considerada como un acto de sacrificio absoluto hacia las demás. Sienten que ya han dado suficiente y siguen alimentando, entonces, su patrón egocéntrico de pedir sin fin. Este perfil de personas, si no se encuentran con alguien más sumiso o dependiente, es probable que acaben quedándose solas relacionalmente.

Bueno, ya veis que podríamos estar mucho rato analizando nuestros vínculos y enunciando posibles formas de relacionarnos. Lo que nos atañe en este libro es poder tomar conciencia de qué tipo de orden del amor cojea en mi sistema familiar, y cómo con ello tratamos de buscar una homeostasis[19] poco sana. Poder revisar qué tipo de rol cumplimos dentro de nuestra tribu nos ayudará a matizar el tipo de crianza que estamos dando a nuestras hijas y prever posibles comportamientos disfuncionales.

Para este capítulo te propongo un juego que va a contemplar todos estos principios sistémicos de una forma indirecta para poder tomar nota de cómo cada miembro de tu familia se coloca ante distintos roles.

---

19. Equilibrio dentro del sistema.

JUEGO EN FAMILIA: LAZOS DE FAMILIA

Para este juego vas a necesitar una cuerda del tipo que se emplea para tender la ropa, que sea suficientemente larga y resistente. ¿Para qué la vas a necesitar? Pues se trata de que, con la ayuda de esta cuerda, os atéis todos los miembros de tu familia tomando las medidas de seguridad pertinentes: no os atéis alrededor del cuello, no os apretéis muy fuerte, etc. Se trata de estar cómodas y a la vez que el cordón resista el movimiento que te voy a proponer a continuación. Con esto trabajamos el principio de pertenencia durante todo el juego.

El juego va a tener dos partes. Para cada una es básico que pactéis un determinado tiempo. Yo os recomiendo que no exceda los quince minutos.

En la primera parte, y por turnos, iréis tomando el mando una a una las personas que juguéis. De lo que se trata es de que la persona que «mande» —trabajamos el principio de jerarquía— vaya dando consignas sobre lo que hacer a las demás. Por ejemplo: vamos todas al jardín a jugar con la arena, vamos todas a bañarnos a la ducha, vamos todas a preparar la comida, vamos todas a pintarnos la cara, etc.

Para esta primera parte, y a fin de que el juego sea respetuoso, podéis pactar antes de empezar qué cosas no os apetece hacer en absoluto, o sea, poner las líneas rojas. Si, por ejemplo, el juego lo hacéis en invierno, tal vez la opción de estar en el arenal más de un cierto tiempo no es apetecible para todas. De esta manera podéis manifestar vuestro deseo de entrar. Aquí es importante que la persona que ocupa el rol de jerarquía pueda mostrarse empática con las necesidades de las demás. Ten presente que las niñas de menos de seis años pueden no estar preparadas para ponerse en el lugar de la otra persona, por lo que el juego puede dejar de ser divertido. Recuerda que en esta etapa las niñas están explorando su etapa egocéntrica y, aunque paulatinamente deben ir integrando al otro como un ser con necesidades distintas a las propias y válidas, depende de la maduración de tu hija, puede queue este juegono sea aún el adecuado. Tú las conoces, así que puedes decidir si es el momento de jugar a Lazos de familia o todavía no.

Esta parte te va a dar información de cómo percibe la jerarquía cada uno de los miembros de tu familia. En el caso de tus hijas, puede ayudarte a ver qué es lo que han estado integrando de este rol. Si tienen más de siete años, probablemente ya son capaces de colocarse en el lugar de la otra persona —aunque puede que todavía no—, y así su comportamiento estará menos filtrado por su etapa egocéntrica. Observa cómo respetan —si lo hacen— las necesidades de las demás, cómo es su escucha externa e interna, y si en su actitud puedes ver reflejada a alguna adulta de su entorno.

La segunda parte es más compleja y no es adecuada cuando existen niñas menores de siete años, tal como explicaba en el párrafo anterior. Aquí se trata de que la persona que lidera la dinámica, aparte de poder ser quien guía a la manada, debe encontrar la forma de poder incluir sus deseos con las cosas que gustan al grupo. Durante la primera parte ha podido recopilar información acerca de qué cosas apetecían a una persona y qué cosas no. Trabajando su capacidad de retentiva, ahora deberá usar este nuevo tiempo del que dispone para realizar dinámicas que aporten equilibrio en la tribu —trabajamos el principio del dar y recibir—. Es probable que cueste encontrar propuestas que complazcan a toda la manada a la vez, ¡o no!, pero de lo que se trata es de poder manejarlo para que, al menos una vez, todas las personas que forman los lazos de familia se sientan en compensación.

En esta segunda parte podrás observar la habilidad y la capacidad de incluir este principio en vuestras vidas por parte de cada uno de los miembros de tu familia. Cómo de fácil es la escucha, el poder decir que no, el propiciar espacios de equilibrio entre lo que yo quiero y lo que alguien distinto a mí quiere, etc. Y todo esto, con el principio de la pertenencia manteniéndoos bien juntitas.

¡A divertirse!

¡A divertirse!

La autoestima es una capacidad imprescindible para conectar con la felicidad.

Autoestima

La autoestima es un tema ampliamente discutido en ámbitos tanto pedagógicos como psicológicos. Ya sabrás que es una capacidad imprescindible para conectar con la felicidad. Pero ¿cómo se forja una buena autoestima?

A lo largo de los capítulos que has ido leyendo ya habrás podido entrever la importancia de los primeros años de vida para el posterior desarrollo. Es durante los primeros siete años cuando se establecen las bases sobre las cuales vamos a elaborar nuestra personalidad adulta. Esta etapa infantil es altamente sensible e importante, precisamente, para afianzar estos pilares que van a sostenernos como adultos en el mundo. Abordar nuestra autoestima implica hacer un recorrido hasta los inicios de nuestra existencia. Se trata de dibujar nuestra biografía personal para comprender el mapa que nos guía en nuestro territorio vital.

Trabajar la autoestima con tus hijos es un ejercicio de revisión personal primero. ¿Cómo te hablaban de pequeña? ¿Qué aprendiste acerca de ti mismo por boca de los demás? ¿Eras torpe? ¿Listo? ¿Paciente? ¿Intrépido? El mensaje que hayas recibido a lo largo de tus años de infancia puede darte la clave para comprender cómo te ves y te hablas a ti mismo ahora. Esta manera de relacionarte contigo mismo es probable que, finalmente, haya surtido efecto y hayas acabado reproduciendo aquello que tantas y tantas veces te han dicho y te has dicho.

Te voy a poner un ejemplo a través de una historia ficticia que engloba muchas otras reales. Esta es:

Marta fue siempre considerada una «patata» a ojos de aquellos que la rodeaban. Especialmente de sus padres y maestros. Se pasó su infancia escuchando aquello de «mira que eres torpe, hija, ¿eh? Pero no te preocu-

pes porque en la vida lo importante son los estudios, ¡y para eso tú sí que vales!». Marta creció con un currículum académico impecable, solo «manchado» por las notas de Educación Física. Recuerda que al principio trataba de esforzarse para superar esa mirada que tenían sobre ella en referencia al deporte, pero, a costa de no recibir halagos en sus esfuerzos, cedió y acabó añadiendo en su carta de presentación aquello de «patata en lo físico». Pasaron los años y, a pesar de algunos intentos puntuales por incluir el deporte en su vida, su interés seguía prácticamente centrado en sus estudios. No fue hasta cuando tuvo su primera hija y esta empezó a mostrar ganas de experimentar con las acrobacias que se apuntó con ella a un taller de circo en familia. Marta se presentó con la carta que tantas veces había usado siempre que la invitaban a caminar, esquiar, escalar, etc.: «Soy una patata, ¿eh? Voy a probarlo, pero seguro que no logro hacer nada de lo que aquí proponéis». Y así fue. Los días pasaban y no lograba realizar ningún ejercicio de los que tenía que hacer con su hija, así que esta iba percibiendo como su madre, por quien sentía gran admiración, se resignaba a no creer en ella misma. Paula, que así se llamaba la niña, sentía una gran contradicción: por un lado, veía la chispa de ilusión que brillaba en los ojos de su madre, y por el otro, sentía como ella obviaba el deseo tan grande que contenía dentro y, en lugar de entregarse a vivirlo, lo evitaba con la excusa de ser una «patata». «¡Qué cosa tan rara!», pensaba Paula. Así fue como empezó a creer que esta era la manera en que debían ser las cosas: si su madre era la mejor mujer del mundo y su gran referente, seguro que tenía razón en actuar como lo hacía, por lo tanto, ella debía hacer lo mismo. Así que Marta fue viendo como a medida que se sucedían las clases Paula empezaba a perder la confianza en ella misma y, a pesar de los ánimos que le daba, esta parecía haberse entregado al desdén por probar aquello que, antes, tanto le entusiasmaba. Marta no comprendía qué estaba pasando hasta que, un día, a la salida de circo, se *sentó en un banco con ella y se lo preguntó: «Paula, hija, ¿qué pasa con tu entusiasmo con el circo?». Paula no comprendía la preocupación que detectaba en su madre. ¿Cómo podía ser que, haciendo lo mismo que ella, hubiera algo que estaba mal? Paula tardó unos momentos en responder. Bajó la cabeza y le dijo esto a Marta, a quien, mientras la escuchaba, se le iban llenando los ojos de lágrimas: «Mamá, yo solo he hecho lo mismo que tú porque pensaba que era lo que estaba bien. Te veía tan incómoda en las clases de circo que pensé que era porque no estaba actuando como tú. Al principio, le puse todo mi empeño porque era mi ilusión y sentía que era capaz de aprender acrobacias. Pero el ver cómo tú dejabas de esforzarte aunque por dentro sintieras ilusión, y solo porque no creías en ti misma, porque eras una "patata", me hizo pensar. Creí que era yo la que estaba equivocada, porque tú eres mi madre y sabes muchas más cosas que yo. ¿Cómo ibas a estar actuando mal? Así que pensé: si mi madre no cree en sí misma, será que esto es lo que debe hacerse. ¿Hice bien, mamá?». Marta abrazó a su hija entre sollozos y comprendió que había llegado el momento de reescribir su historia de vida en relación con su autoestima y sus capacidades deportivas.*

¿Cuál es el mensaje que puedes estar transmitiendo a tu hijo? ¿Te amas lo suficiente como para aceptarte y quererte tal y como eres? ¿Reconoces tus limitaciones sin que por ellas te fustigues y te autodefinas de forma despectiva?

Como puedes ver, y rescatando lo que te decía al inicio de este capítulo, la autoestima es una habilidad que habla de nuestra infancia y, en gran parte, de cómo ha sido la mirada que hemos recibido.

Puedes ver la diferencia que le causa a este niño la forma en que es acompañado por su padre. ¿De qué forma miras tú a tus hijos? ¿Les trasvasas tus miedos, inseguridades e incapacidades? ¿Les animas a realizar aquello para lo que no están preparados forzándolos a superar etapas y miedos en los que todavía no están interesados? La línea entre la autonomía auténtica y la pseu-doautonomía es muy fina —como ya hemos visto en un capítulo anterior—, y es muy importante no cruzarla por el bienestar de tus hijos Poder priorizar ver a tu hijo por lo que es y no por lo que quieras que sea o que no sea es la clave para transmitirle aquello que más va a favorecer la conexión consigo mismo. De esta manera, si se siente en un entorno amoroso y comprensivo, con una mirada de aceptación y respeto hacia sus propias capacidades, intereses y ne-cesidades, va a aprender a aceptarse también. El reflejo que reciba de ti va a ser clave en el proceso de generar una autoestima elevada. Esta capacidad va a fortalecer su seguridad interna y la habilidad de realizar sus sueños siendo consciente de sus capacidades y de sus limitaciones. No te olvides del ejemplo de este capítulo. Es importante que revises tu parte de Marta y transformes esos mensajes de guion que recibiste durante tu infancia. Tal vez algunos estén ya superados y los hayas transformado. Tal vez aparezcan algunos nuevos que necesitan, con amor, ser revisados. Te animo a que lo indagues.

Para este capítulo te voy a proponer un juego muy divertido y que, a su vez, puede hacer florecer algunos temores y vergüenzas. Es un juego para toda la familia: adultos y niños. De todas formas no lo recomiendo para niños menores de tres años, puesto que hasta esa edad no están del todo inmersos en la etapa egocéntrica del autoconcepto y la autoimagen. La segunda parte del juego es específica para niños mayores de siete años, puesto que implica una capacidad de autorrevisión y de abstracción mucho más compleja. De todas formas, las edades son orientativas. Tú conoces mejor que nadie a tu hijo y puedes saber si te va a seguir con estas coordenadas o no.

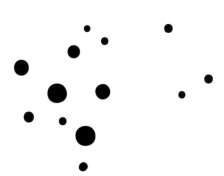

JUEGO EN FAMILIA: ESPEJITO-ESPEJITO

Para este juego vas a necesitar un elemento muy importante. Tal y como habrás podido intuir se trata de un espejo. ¡Bingo! ¡Vamos bien! Pero no es un espejo cualquiera. Tiene que ser un espejo de cuerpo entero, en el que podáis veros de pies a cabeza tanto tú como tu hijo. Si no es lo suficientemente ancho, podéis hacerlo por turnos.

Aparte del espejo, deberás hacerte con rotuladores para cristal. Son fáciles de encontrar. Existen tiendas que los venden para pintar los cristales de las ventanas en Navidad, o para poner los nombres en las copas de cristal. Consigue uno para cada participante en el juego.

Para la primera parte del juego, te invito a que coloques el espejo de cuerpo entero en una sala amplia y cómoda y juguéis un rato delante de él. Podéis bailar, imitaros, pintaros la cara, etc. Aprovecha el momento en que tu hijo haya entrado en este juego libre con el espejo y esté desinhibido, para jugar al juego del ESPEJITO-ESPEJITO.

El juego empieza haciendo una pregunta:

«¿Qué te gusta hacer cuando te miras en un espejo? ¿Qué cosas ves cuando te miras?»

Si juegas con niños menores de 5 años, probablemente tendrás que ayudarlos un poco con tu ejemplo: veo una nariz —mientras te la señalas—, veo como mis piernas se mueven si bailo, veo el color de mis ojos, etc.

«¿Hay cosas que no te gustan cuando te miras?»

Tómate un momento para que la persona que está jugando se mire bien. Puedes acompañarle para que se mire de arriba abajo y te diga si hay alguna cosa que no le gusta de lo que ve. Estate atento a sus respuestas y ve almacenándolas en tu memoria.

Llegados a este punto, proponle algo muy divertido: con el rotulador especial para cristales le acercas al espejo y le dibujas su silueta. Cuando se separe, le devuelves el rotulador —que será del color que haya elegido— y le invitas a que dibuje en su silueta del espejo aquello que le gustaría tener de más o de menos. Es decir, ¡pueden dibujarse como quieran ser!, como si el rotulador fuese una varita mágica que transforma aquello que no les gusta, o les molesta, en aquello que desean.

Cuando haya terminado de plasmarse en el espejo de la manera que quieren ser, observas qué es lo que han cambiado. Tómate tu tiempo. Puedes preguntarle lo que no te quede claro. Si hay algunas partes de su cuerpo que no le gustan y las cambia, al finalizar su dibujo las puedes describir sin juzgar. Por ejemplo:

«Veo que has cambiado tu pelo de rizado a liso. A mí me gusta tu pelo como está. ¡Es un pelo único porque es tuyo y nadie más lo tiene igual! Espero que algún día lo veas tan maravilloso como lo veo yo».

Puedes dedicar un rato a transmitirle, con tu mirada amorosa, cuánto te gustan todas aquellas cosas que haya cambiado de su cuerpo. Si se deja, puedes tocarle mientras le das el *feedback*, y animarle a que se abra un poco contigo y te cuente por qué quiere cambiar esas partes de su cuerpo por otra forma, tamaño, etc. Cada vez más tempranamente, los niños pueden llegar a hablar mal de su cuerpo, comparándose con las modas *mainstream* y distanciándose de lo saludable que es amarse a uno mismo tal y como es.

En la segunda parte del juego se trata de entrar en áreas más emocionales. Hasta ahora has hablado y reflexionado sobre qué parte de su cuerpo físico no le gusta. Ahora se trata de compartir e indagar qué aspectos de sí mismo rechaza más allá de lo físico. Por esta razón tu hijo debe ser mayor de siete años; para realizar esta parte con la profundidad que requiere es importante que tu hijo tenga la capacidad de abstracción y autoanálisis desarrollada.

Antes de empezar a indagar en lo que no le gusta, puedes preguntarle acerca de qué aspectos de su forma de ser admira. *«¿Qué cosas te gustan más de tu forma de ser?»* Enfatiza que puede ser tanto en la relación consigo mismo como en la relación con otras personas. Si no sabe qué responderte, puedes ayudarlo con ejemplos: tu humor, si te ves despistado o no, la paciencia, la ilusión o la motivación, etc.

Una vez que haya entrado en contacto con aquello que sí le agrada de cómo es, puedes preguntarle: *«¿Qué cosas crees que no te gustan de tu manera de ser y comportarte? ¿Qué cambiarías?»*. Y aquí le ofreces el rotulador y le pides que lo escriba en el espejo. Una vez que lo haya plasmado, te propongo que dediques un tiempo de intimidad y calma a poder conversar sobre todo lo que ha surgido. Si sientes que hay cosas que te superan o que no sabes cómo abordar, limítate a comprenderlo y a escuchar sin juzgar. Siempre tienes la opción de buscar una opinión más experta que te eche una mano en aquellos aspectos que te inquietan y no sabes cómo afrontar.

Piensa que este es un ejercicio que, de tener una buena vinculación y confianza con tu hijo, puede suponer un punto de inflexión importante en vuestras vidas. Que sienta tu escucha activa y tu mirada presente mientras se abre a compartirte aquello que le incomoda de sí mismo genera, en primer lugar, un vínculo mucho más profundo y confidente del que ya teníais —si ha llegado hasta aquí es que teníais una muy buena vinculación—; en segundo lugar, una sanación en tu hijo por el simple hecho de haberlo expresado sin sentirse juzgado, sino todo lo contrario, apoyado y alentado a transmutar sus inseguridades y cultivar su autoestima.

En algún momento, también tendrás que ponerte tú delante del espejo. Recuerda que todo aquello que vayas enunciando necesitará de otra persona adulta que te dé un *feedback* al respecto. No pongas sobre tu hijo la responsabilidad de lidiar con tus inseguridades físicas y emocionales. A ellos no les corresponde esta tarea. Es por ello por lo que si quieres participar en la dinámica vas a necesitar escoger una pareja que tenga tu mismo nivel de desarrollo vital. Recuerda que la familia es un sistema jerárquico y cada nivel puede gestionar situaciones concretas con los otros niveles. Hay relaciones que no son bidireccionales. Si tienes dudas al respecto, lee de nuevo el capítulo que habla sobre este tema.

Recuerda que reforzar la autoestima es una necesidad básica para la prevención y tratamiento de posibles comportamientos abusivos que las personas podemos recibir a lo largo de nuestra vida, ya que posibilita un estado interno empoderado que evita caer en dependencia emocional de otra persona, a la vez que restablece una conexión interna con el amor hacia nosotros mismos, aceptándonos tal y como somos, con nuestras fortalezas y nuestras debilidades.

Atrévete a mirarte al espejo y dibujar un gran corazón en cada rincón de tu ser, y la vida, te lo aseguro, va a cambiar de tonalidad y de melodía.

Espejito, espejito... ¿Verdad que soy otro ser maravilloso en este universo?

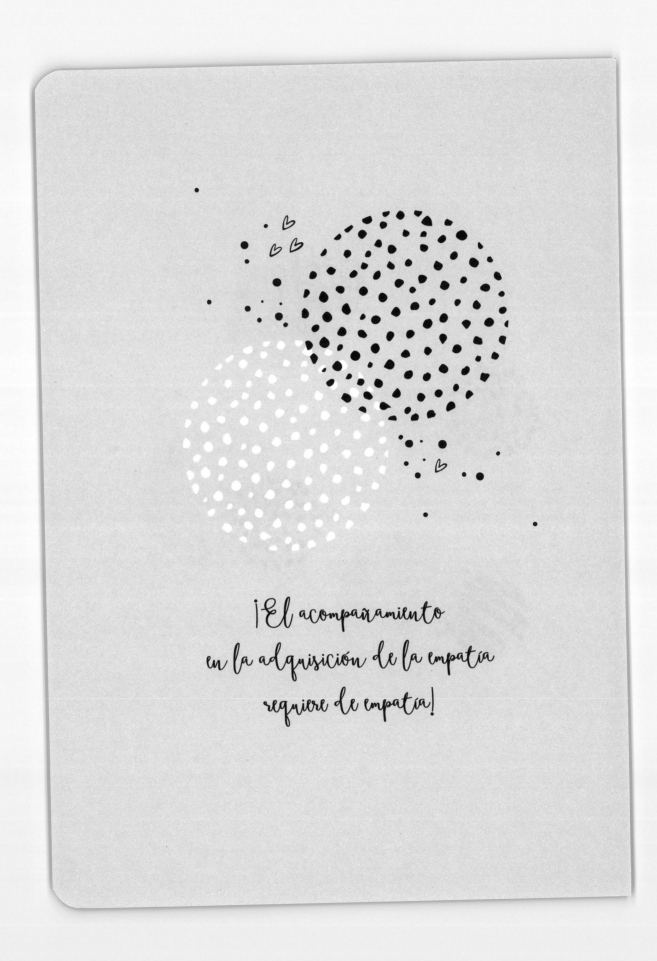

¡El acompañamiento
en la adquisición de la empatía
requiere de empatía!

Empatía

La empatía es la capacidad de ponerse en el lugar de otra persona y comprender, aunque nos cueste, que tiene sentimientos, pensamientos y comportamientos distintos a los nuestros. ¿Cuántas veces habrás deseado que tu hija pueda comprenderlo? Seguramente se lo habrás tratado de explicar de muchas formas distintas, y dependiendo de la edad que tenga habrán dado escaso resultado.

A lo largo de este libro has podido ir leyendo las características que rodean el desarrollo en la primera infancia, es decir, hasta los siete años. Cuando las niñas empiezan a generar la diferenciación emocional con sus figuras maternantes, establecen los primeros cimientos para crear su futura autonomía. Esta separación progresiva viene sustentada por su mayor habilidad con el lenguaje, las habilidades sociales que va desarrollando, y la necesidad de salir al mundo más allá de sus figuras vinculantes. En condiciones normales, este proceso es una evolución sana y favorable para esa niña que ya siente que va creciendo. Si hemos establecido una buena relación de apego en sus primeros años de vida, esa niña va a poder transitar hacia el mundo de una forma tranquila y segura, confiando y desarrollando sus habilidades. Va a necesitar tu presencia y apoyo todavía, así que trata de estar disponible. Sabemos ya que empujar a las niñas para que avancen a nuestro ritmo —y no al suyo— no respeta sus procesos vitales y genera una tensión y un disconfort que acabará manifestándose a la larga.

Menciono todo esto para que tengas en cuenta que es justo alrededor de la etapa entre los dos y los tres años cuando las niñas son más capaces de desarrollar el concepto de la empatía. Es cuando poseen el deseo de separarse de la simbiosis emocional con la madre —o figura maternante— que pueden empezar a comprender que sus necesidades, emociones y prioridades son, a menudo, diferentes de las de las otras personas. Estas conductas son muy primarias e incipientes, y a menudo las demuestran tratando de solucionar el malestar de las demás y no tanto comprendiendo el sentido real de dichas conductas. Es a partir de la etapa infantil cuando las niñas pueden integrar más el concepto de empatía.

Esta capacidad se conoce como **Teoría de la mente**, y empieza a gestarse alrededor de los dos años de edad. Una vez que las niñas han establecido su función simbólica, es decir, la capacidad de representar mentalmente y mediante imágenes las acciones antes de ejecutarlas para ahorrarse conductas de tanteo, y han integrado el lenguaje, el dibujo, la imitación y el juego simbólico, están predispuestas a desarrollar esta teoría, precursora de la empatía. Dos características que definen esta etapa es la capacidad de interpretación que adquieren sobre lo que ocurre a su alrededor; la otra es la capacidad predictiva de conductas y reacciones que pueden darse en determinadas situaciones. Todas estas habilidades más abstractas y mentales son fruto del desarrollo de las etapas anteriores. Es por eso por lo que debemos respetar los procesos de vida de nuestras hijas, puesto que todas las etapas son imprescindibles para las siguientes. Tratar de que una niña de menos de dos años se relacione haciendo uso de la empatía es avanzarle estadios del desarrollo para los que todavía no tiene los recursos propios para llegar de forma natural.

De todos modos, existe una **empatía primaria** que ya se observa en los primeros meses de vida y que tiene que ver con el modo en que el bebé lee el mundo que le rodea. Si llora y se la atiende con palabras suaves, dulces y con un contacto físico adecuado, entiende que es legitimada en sus necesidades y que el entorno está atento a ella. Si en cambio esta bebé es desatendida constantemente, aprenderá que el mundo al que ha llegado es hostil y no hay comprensión de lo que necesita. Estas conductas tempranas hacia las hijas van a determinar la forma en que después van a relacionarse con las demás personas y consigo mismas: han leído mis necesidades y las han satisfecho, ¡perfecto!, entonces yo voy a escucharme y a escuchar a mi entorno porque he aprendido cómo se hace. Si, por el contrario, me han desatendido en lo que necesitaba, comprendo que no debo escucharme a mí misma ni, por ende, escuchar y tratar de comprender a las demás. Recuerda que **el modo en que atendemos a nuestras hijas será el modo en que ellas van a atenderse después**.

Pero ¿cómo adquirimos la empatía?

Existen en nuestro cuerpo un grupo de neuronas denominadas «neuronas espejo». Estas tienen la función de activarse cada vez que observamos a otra persona realizar alguna actividad, aunque nosotras no la estemos ejecutando. Estas neuronas espejo registran las acciones que observamos fuera, de tal forma que nuestro cerebro las percibe como si realmente las estuviéramos realizando nosotras. Este descubrimiento se logró gracias al estudio de los primates. Las investigadoras observaron cómo estos lograban solucionar los problemas que les planteaban activando distintas áreas cerebrales, las mismas que mostraban actividad cuando solamente observaban a otros primates realizar las mismas acciones. Las investigadoras lograron definir cómo la transmisión de los aprendizajes era también a través de la observación. Desde pequeñas, las personas tenemos una activación cerebral tanto cuando realizamos una acción como cuando la observamos. De esta forma, podemos concluir que todo aquello que les transmitimos a nuestras hijas con nuestra conducta y comportamiento toma un matiz más importante que aquello que les decimos con nuestras palabras.

Educar para la empatía es posible y necesario desde los primeros momentos de la vida de nuestras hijas, y a estas alturas del libro ya sabes que no empieza en el momento en que nacen, sino que es un proceso que toma forma incluso desde momentos previos a la concepción. Así que la biología se mezcla con el ambiente para dar lugar a la empatía: mediante la información que acumulamos en el cerebro, la cual nos permite desarrollar conductas a través de la observación, nos damos cuenta de lo importante que es aquello que nuestras hijas absorben de este entorno, ya que, a la larga, nos lo van a reflejar con sus conductas y actitudes también. **Cuidar el alimento emocional que ponemos a su disposición es la clave para su salud mental posterior.**

La capacidad de ponernos en el lugar de los demás también forma parte de la capacidad de inteligencia según Gardner. Cuando este autor elaboró la teoría de las inteligencias múltiples, uno de los ejes que la vertebraban era la **inteligencia interpersonal**, que nos permite advertir el movimiento interno de las personas más allá de lo que nuestros sentidos captan. Es la habilidad para detectar y comprender los problemas y las circunstancias de las personas que nos rodean: interpretar las palabras, los gestos, la intencionalidad de los discursos, etc. Así que la empatía es parte de nuestra inteligencia y de la de nuestras hijas.

¿Cómo sé si soy una madre/padre empática/o?

Las personas con este perfil tienen algunos atributos comunes. Ser empáticas les permite obtener una gran satisfacción en su interacción social, puesto que consiguen que las personas con quien se relacionan se sientan comprendidas, escuchadas y acogidas. Algunas de estas características son: una elevada sensibilidad para conectar con la preocupación y los sentimientos de los demás; capacidad de comprender la comunicación no verbal —gestos, prosodia, etc.— en las conversaciones; capacidad para practicar la escucha activa, lo que les permite poder dar un buen *feedback* al final de la charla, demostrando que han estado atentas a las palabras de la otra persona. Son personas que respetan los sentimientos, conductas y opiniones de las demás, aunque no las aprueben.

Pongamos un ejemplo: Julia, tu hija de tres años, tiene ganas de salir a la calle a pisar charcos. Hace días que está en casa sin salir a jugar porque se tropezó en el bosque y al caer se fracturó un dedo del pie. Las últimas visitas médicas confirman que está recuperada y puede hacer vida normal. Si fuera un día cualquiera, probablemente le dirías que las siete de la tarde no es hora para salir a pisar charcos, porque ya es el momento de recogerse del día y prepararse para ir a cenar. Pero este día es diferente. Observas a tu pequeña que hace días que no puede jugar con agua, que está encerrada en casa por el temporal de lluvia de la última semana y que, toda ella, pide desfogarse un poquito antes de ir a dormir. Puedes entenderla y, en el fondo, aunque estés agotado y hayas tenido un día duro en el trabajo, te alegra verla con energías, sin vendaje y sin dolor. Puedes escuchar sus necesidades y comprender lo que pide. Lo legitimas. Lees su cuerpo ansioso de aire libre y de agua. Te viene a la mente el mensaje de la doctora diciéndote que ahora lo importante es que haga vida normal y no le tome miedo a jugar con su cuerpo. Y te decides. La miras con mucho amor y comprensión, te pones a su altura y le dices que hoy, aunque sea tarde, vais a salir al bosque un ratito a chapotear porque has comprendido que para ella es muy importante. Has logrado empatizar con tu hija y hacer una excepción de una norma cotidiana.

En este capítulo te propongo una dinámica muy divertida. Para poder jugar debes tener en cuenta todo lo que he comentado antes acerca de la capacidad de tus hijas de lograr comprender en qué consiste la empatía. Para ello deben tener más de cuatro años, puesto que antes de esa edad la teoría de la mente no acostumbra a estar integrada —aunque muestren signos de empatía— y el trabajo se orienta más a revisar qué tipo de acompañamiento estamos ofreciendo como madres y padres. Recuerda que la empatía, sobre todo en etapas más precoces del desarrollo, es un reflejo de tus acciones y comportamientos.

La empatía implica un desarrollo interno complejo. Para poder adquirirla debemos poder ir más allá de nosotros mismos, traspasar el egocentrismo de las etapas infantiles para poder interpretar la realidad en función de la mirada ajena y no la propia. Para las más pequeñas, pues, existen otras formas de acercarlas a esta capacidad. El acompañamiento del día a día es básico en su posterior desarrollo de la empatía. Debemos comprender que aquello que les damos, y cómo se lo damos, es lo que van a integrar.

En sus vivencias cotidianas, se encuentran muchas veces con situaciones en las que no comprenden cómo actúa la otra persona, sobre todo en el caso de iguales. Cuando dos niñas se enzarzan en un conflicto, en lugar de tratar de evitarlo y resolverlo a toda costa, tenemos una gran oportunidad para trabajar la empatía desde muy pequeñas, aunque no hablen. Lo ilustraré con un par de ejemplos:

El primer ejemplo va a englobar la etapa preverbal. Munai es una niña de 11 meses. Le encanta esconderse en la casita de cartón que tienen en la escuelita y quedarse un rato allí jugando con los muñecos de peluche de su interior. A menudo le cuesta compartir el espacio con otras niñas y reacciona mordiéndolas. Hoy ha pasado esto. Mientras Munai jugaba tranquilamente en su espacio preferido, Úrsula, de 12 meses, ha querido entrar también. Cuando estaba dentro, Munai ha empezado a gritar y a llorar. Úrsula se ha asustado un poco, pero eran tantas sus ganas de quedarse que ha continuado dentro de la casita para poder jugar con ese pingüino de peluche que tanto le gusta. Al ver que no salía, Munai se ha abalanzado sobre ella mordiéndole el brazo. La educadora, ante los primeros gritos de Munai ya se estaba acercando a paso acelerado previendo lo que podía suceder, pero aun así no ha llegado a tiempo. Al llegar a la casita eran dos las que lloraban: Úrsula por la mordida y Munai porque quería estar sola. La educadora, lejos de culpabilizar y resolver rápidamente el conflicto, ha comprendido que dentro de esa casita había dos niñas que sufrían, así que se ha acercado y ha rodeado con cada uno de sus brazos a una de las niñas. Ha mirado que la mordida no fuera grave, y al ver que no, se ha quedado en el lugar sosteniendo los dos llantos. Cuando la energía del dolor ha empezado a disminuir, la educadora le ha preguntado a Úrsula: «¿Te ha gustado que te mordiera Munai?», a lo que ella le ha respondido con una negación de su cabeza. «Mira, Munai, ¿ves que Úrsula está llorando mucho? No le ha gustado que la mordieras. Mira —dice la educadora señalando el movimiento negativo de Úrsula—. Ella dice que no». «Y tú, Munai, ¿querías estar sola en la casita?» A lo que la niña responde afirmativamente. «¡Claro! Yo sé que te gusta mucho estar aquí sola. Lo que pasa es que esta casita es de la escuela y ahora Úrsula también quiere estar en ella.» Dicho esto, si las dos deciden quedarse en la casita, la educadora deberá estar cerca para ofrecer seguridad en el espacio, puesto que es probable que Munai siga queriendo tenerlo para ella sola.

Ante esta situación, Munai tendrá que acceder a compartir la casita. Si fuera un juguete que ella usa en lugar de un espacio compartido, el acompañamiento sería en favor de que Munai, si no quiere compartirlo, se quede con el juguete hasta que tenga suficiente. Recuerda que en esta etapa las niñas no comprenden el hecho de compartir y debemos respetarles que así sea, siempre que se pueda.

Si el mismo caso se diera en niñas en etapa verbal, el acompañamiento sería el mismo pero con más espacio para la comunicación entre ambas. En tal caso es probable que ya no respondan solo con movimientos de la cabeza, sino que utilizarían palabras y tendrían la capacidad de justificarse. A partir de los dos-tres años las niñas también son más capaces de sostener el malestar que les genera estar en conflicto con un igual. Es aquí donde radica la importancia de este tipo de acompañamiento empático. En el caso anterior, imagina que Munai se niega a que Úrsula se quede en la casa, pero a sabiendas de que no puede elegirlo —porque la casita es un lugar común para todas las niñas de la escuela— se enfada mucho y quiere volver a morder a Úrsula. Esta última no accede a irse y quiere jugar con su pingüino allí dentro. Una solución fácil para las adultas podría ser que las dos salieran, o que si quieren seguir jugando tienen que callarse y no quejarse, exponiéndose a que les quiten sus muñecos como castigo. La solución empática lleva más tiempo; se les permite a las niñas que tomen parte activa en la resolución del conflicto. De lo que se trata es de que cada una comprenda a la otra. Si Munai logra contactar con las ganas que tiene Úrsula de jugar un ratito con su pingüino, y entiende que no le va a quitar sus muñecos, es probable que se relaje y pueda sostener un rato de compañía. Si Úrsula contacta con la necesidad de Munai de estar sola, es probable que acceda a llevarse el peluche a otro lugar y seguir jugando con este.

¡El acompañamiento en la adquisición de la empatía requiere de empatía! Es decir, de tiempo, paciencia y mucha comprensión de las necesidades de las niñas, de sus capacidades y de sus habilidades.

Para esas niñas que tienen más de cuatro años —o que hayan integrado la teoría de la mente—, te propongo el siguiente juego, denominado El carnaval.

JUEGO EN FAMILIA: EL CARNAVAL

Como se deduce de su nombre, para este juego vas a necesitar disfrazarte. De lo que se trata es de que cada una de las participantes tome un turno para representar a una persona que conozca bien y mimetizarse con ella. Puedes acotar el juego a las personas de tu familia, amigas de la escuela, personajes de los dibujos o la televisión, etc. De lo que se trata es de que cuando sea el turno de una persona, esta escoja el personaje que quiera para disfrazarse y representarlo. Utilizará el material que necesite, tanto si quiere maquillarse, cambiar su género, peinarse de la forma que sea, y todo con la finalidad de colocarse en la piel de la persona que ha escogido. Una vez que lo haya hecho va a salir de su *backstage* y aparecerá en el lugar donde las demás personas están esperando. Cuando llegue delante del público, va a adoptar la postura corporal, los gestos, expresiones, manera de hablar, etc, de la persona o personaje que haya escogido.

Es un juego muy divertido, siempre que no te enfades si te imitan a ti y no te gusta lo que ves, ¡claro!, y a las niñas les encanta. Las adultas deberemos liberarnos de vergüenzas y de reparos para poder expresar nuestra niña interna y atrevernos a jugar como tales.

El objetivo del juego es trabajar la capacidad empática que permite, ante todo, leer a la persona que tenemos delante, saber cómo expresa sus vivencias, cómo se mueve, baila, habla, etc. Una vez que hayamos podido identificarlo, entonces se trabaja el poder de introducirnos en ese papel y reflejar, desde dentro, todo aquello que hemos observado desde fuera.

Este juego se puede ampliar, cuando tus hijas son mayores de siete años, con situaciones ficticias que las demás personas inventáis acerca del personaje que, quien tenga el turno, representa. Por ejemplo, si la persona a quien le toca representar elije a su maestra, una vez que la ha representado y ha dado su versión de cómo la ve, el resto de las personas que hacéis de público inventáis situaciones ficticias o reales acerca de dicho personaje, en este caso la maestra. Podéis preguntarle: «¿Qué pasaría si…?». Por ejemplo: ¿Qué pasaría si la maestra un día llega a la clase muy triste? ¿Cómo crees que te trataría? De esta manera, la persona que tiene el turno debe profundizar más en sus recuerdos del personaje que ha elegido para poder elaborar una respuesta coherente. Esta es una parte más compleja y, para llevarla a cabo, el nivel de empatía y de abstracción debe ser superior.

Disfruta con tus hijas y date la oportunidad de trabajar, en familia, la capacidad de poneros en la piel la una de la otra.

Carnaval, carnaval, ¡carnaval te quiero!

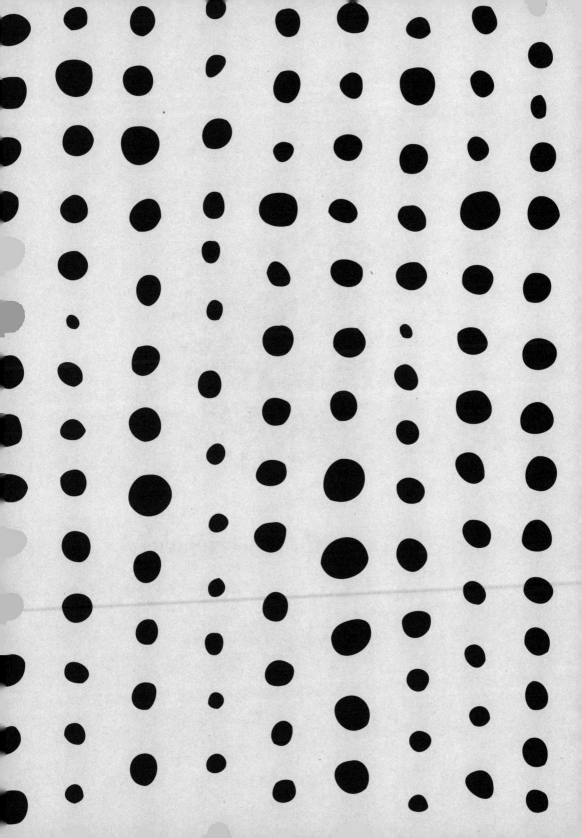

Acompañar al niño en el desapego
va a ayudarle en su propia gestión del espacio
y de sus pertenencias.

Desapego

Trabajar el apego y el desapego desde el hogar puede ser una herramienta imprescindible para todos. Bien es sabido que el mundo que habitamos incentiva la compra y el consumo compulsivos cual dogma religioso. Este comportamiento que acabamos adoptando consciente o inconscientemente genera acumulación de objetos innecesarios que ya no sabemos cómo y dónde guardar.

Esto que para las personas adultas es una realidad del día a día con la que lidiar: «¿Dónde voy a guardar la nueva chaqueta que he comprado?», «¿tiro los zapatos viejos o los guardo para cuando vayamos al monte?», a los niños, sobre todo en etapa egocéntrica, les cuesta más de gestionar.

Alrededor de los dos años empieza esta etapa del desarrollo. En esta etapa egocéntrica se desarrolla la identidad egoica, es decir, los niños van tomando consciencia de ser seres que van separándose del mundo tal y como lo concebían hasta el momento: el mundo del apego con mamá. En esta etapa, aparecen con mucho énfasis los noes y las archiconocidas rabietas, que no son más que una muestra de salud mental, puesto que el objetivo último de los niños que se las permiten es reafirmarse en sus ideas, deseos y convicciones.

En este momento del desarrollo vital —que abarca de los dos a los seis años aproximadamente— es cuando se manifiesta la etapa egocéntrica, donde el *yo, me, mi* y *conmigo* están a la orden del día. Los niños lo quieren todo ahora y sin espera. Sus necesidades son las más importantes del mundo, algo que para ellos resulta obvio, y necesitan satisfacerlas sin la menor demora o negación. Habitualmente las personas adultas que acompañamos a los niños en esta etapa tendemos a verlos como seres egoístas e impacientes, que no empatizan para nada con nuestros tiempos adultos y son incapaces de sostener nuestras negativas. Pareciera que vivimos con pequeños déspotas malvados que nos castigan ante cualquier espera. ¡Y así es!, no lo hubiera podido describir mejor. Son seres egoístas, sí, y siento deciros que ese egoísmo es muy sano y necesario para su desarrollo equilibrado. Esto no significa que les debamos consentir que hagan todo lo que quieran, ¡no! Con unos buenos límites —como ya hemos explicado— y una mirada amorosa y paciente que comprenda que esto que les sucede tiene que ver con una etapa de su crecimiento, ellos comprenderán, con el tiempo, que hay vida más allá de su micromundo.

Esta necesidad de inmediatez no es lo único que caracteriza esta etapa del desarrollo infantil. Es un momento donde los niños se aferran a cualquier producción que elaboran, a su juego favorito, o a esa camiseta que ya se deshace de tanto lavarla porque parece que se acaba el mundo si no se viste con ella. En ese momento de sus vidas parece casi imposible poder lidiar con el desapego material. A la vez, es muy importante empezar a acompañarlo desde ese momento, puesto que va a ayudarlos en su propia gestión del espacio y de sus pertenencias. Cómo hacerlo es lo que pretendo explicar a continuación con esta dinámica familiar que he llamado «Mi espacio personal». Recuerda que aquello que pretendes instaurar como patrón de comportamiento en tu hijo debe ser algo consecuente con tus propias acciones y valores, así que esta dinámica puede serviros a todos.

JUEGO EN FAMILIA: MI ESPACIO PERSONAL

Para esta dinámica vas a necesitar cartón (o una caja de cartón ya hecha), papel para forrar (pueden ser papeles que hayáis dibujado entre todos), tijeras, cola blanca.

De lo que se trata es de asignar una caja para aquello que tu hijo quiera guardar: dibujos, creaciones de barro, coches, herramientas, muñecas, disfraces, etc. Cada caja puede tener el tamaño adecuado al objeto que se quiera guardar. Como verás, no pueden tener la misma dimensión la caja de guardar lápices de colores que la de guardar disfraces.

La propuesta aquí es confeccionar una caja/espacio para cada grupo de elementos que queráis ordenar. La finalidad de este juego en familia es poder acompañar a tus hijos en el desapego de desprenderse de aquello que no cabe en las cajas, aparte de poder introducir el concepto de orden tan necesario para una óptima organización de los espacios del hogar. Muchas veces me encuentro con madres (más que padres) que acaban ejerciendo el rol de ordenadoras de la casa, con la sobrecarga de trabajo que ello comporta. Para poder soltar este papel sin que las cuatro paredes parezcan un mercadillo de París, es básico educar a los hijos en el arte de ser responsables de su propio orden, a la vez que es imprescindible reconocer que, como adultas, debemos soltar ese lugar que ocupamos, despidiéndonos de la obsesión desde la que exigimos que todo esté como a nosotras nos gusta. La flexibilidad que es capaz de incluir las distintas formas de orden y organización es un valor importante que cultivar e integrar para el gran beneficio del equilibrio familiar.

Este juego del desapego permite a los niños comprender que, aparte de que cada cosa tiene su lugar, hay objetos que no podemos conservar todo el tiempo del mundo. El «siempre» es muy usado por los niños sobre todo en etapa egocéntrica, puesto que la concepción que tienen del tiempo es muy pura y no son capaces de distinguir el pasado y el futuro con la facilidad con que lo hacemos los adultos. El «siempre» y el «nunca» son parte de su vocabulario y les otorgan gran significado e importancia. A mí me gusta acompañar estar expresiones diciéndoles que «siempre» y «nunca» son muchos días y que no podemos saber lo que vamos a querer hacer, o no hacer, en todos ellos. Es importante centrarles en el «ahora» como única realidad controlable facilitándoles un soporte tangible para ello: la caja. Hablando claro: desapegarse de dibujos, muñecos, ropa, etc, puede resultar una tarea muy ardua para los niños en esta etapa, y les cuesta imaginarse la continuidad de una vida más allá de sus anhelos momentáneos —egocéntricos— de guardarlo todo. Es por este motivo por el que pueden llegar a escudarse en conceptos infinitos —siempre y nunca— como armas para no soltar.

El juego de Mi espacio personal les proporciona un encuadre concreto para acompañarlos en este ejercicio de desprenderse de aquello que no cabe dentro de la caja. Siempre les damos la opción de quedarse con lo que más les guste, pero tienen que decidirse a dejar ir lo que no es tan esencial para su juego, su vestimenta, etc., en definitiva, para su vida. El desapego los va a ayudar a valorar lo que sí se queda, a comprender la mutabilidad del proceso vital desde lo más concreto que tienen: sus propias pertenencias.

¡A ordenar se ha dicho!

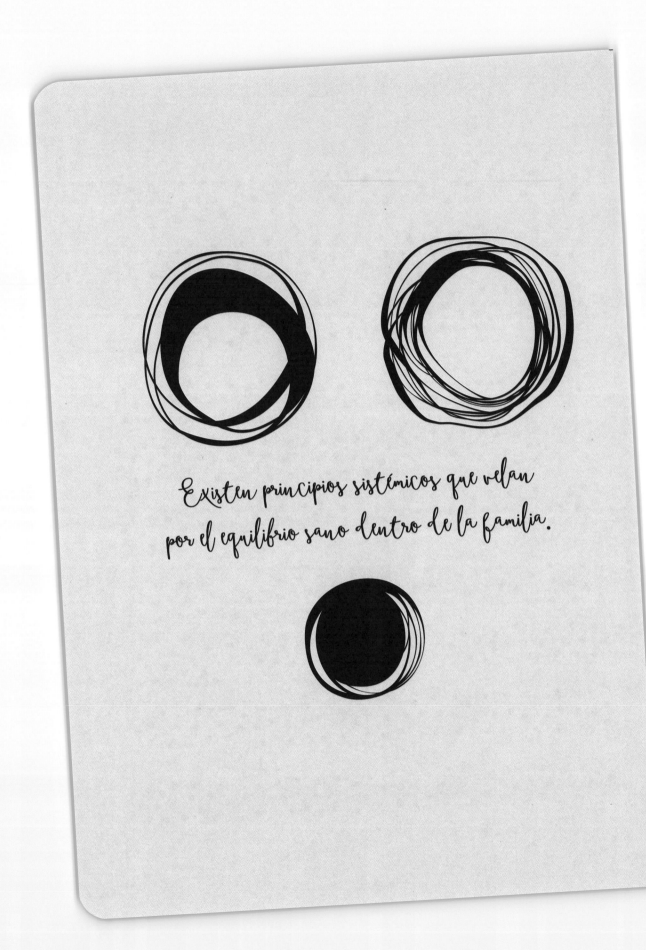

Existen principios sistémicos que velan
por el equilibrio sano dentro de la familia.

El lugar de cada uno

Como ya veíamos en el capítulo «Cohesión familiar», existen principios sistémicos que velan por el equilibrio sano dentro de tu familia. En este caso, voy a profundizar un poco más sobre el **principio de la pertenencia**, ahora ya no desde una visión que incluya a los miembros dentro de tu sistema familiar, sino desde un punto de vista más cualitativo: cómo son las relaciones que se establecen entre cada una de vosotras en función del lugar que ocupáis.

Para ello, me gustaría que te fijaras en algunos dibujos que te presento en las páginas siguientes sobre trabajos familiares que realizo en la consulta con niños y niñas.

Es fácil detectar cuán variadas son las escenas que aquí se reflejan, ¿verdad? Ciertamente no hay dos familias iguales, e incluso dentro del mismo seno familiar, dependiendo de quién haga el dibujo, pareciera que estamos hablando de conjuntos distintos. Lo que esto nos indica es que, aunque la pertenencia de los miembros esté respetada, la distribución de estos en el espacio y sus interrelaciones dependen sobremanera de a quién le preguntemos.

Para este capítulo, te propongo un juego muy sencillo y, a la vez, muy revelador. Pueden participar niñas a partir de los cinco años. Yo lo aplico a partir de esas edades en consulta, aunque según la maduración de tu hija puede ser que debas esperarte un poco más, o incluso puedas adelantarte a ello.

JUEGO EN FAMILIA: MIS MUÑECOS

Como indica el título, para jugar deberás tener a mano varios muñecos. Pueden ser Playmobil o muñecos de madera de un tamaño similar, o bien peluches u otro tipo de muñeco que tengas en número suficiente para realizar la dinámica.

Para saber si tu hija está preparada para este juego, puedes fijarte en cómo comprende las consignas y si es algo que pueda ir integrando de manera fácil y con sentido para ella. De lo que se trata es de representar, mediante estos muñecos, a tu familia. Es un ejercicio extraído de mi formación en psicología sistémica y que sigo usando, actualmente, para trabajar tanto con adultas como con niñas. En mi consulta utilizo tanto muñecos de este tipo como objetos más abstractos: cojines, maderas, piedras, elementos del entorno, etc. Para el trabajo con las niñas, yo te recomiendo que uses figuras personificadas para que no les resulte tan abstracto. Si no dispones de este tipo de muñecos, también puedes fabricarlos con trozos de madera y un rotulador permanente. Puedes dibujarles ropa, ojos, pelo, etc., a estos trocitos para que tengan una representación más concreta y faciliten a las niñas más pequeñas la conexión con la dinámica.

Las consignas son sencillas: se trata de que ofrezcas una cesta o una caja con todos los muñecos que tengas. Pueden ser humanos o también puedes incluir animales, si los tenéis en casa. Le puedes decir a tu hijo: «Ahora vamos a jugar al juego de Mis muñecos. De lo que se trata es de que de entre todos estos muñecos que tienes aquí, escojas un muñeco para cada miembro de la familia». Para ello te pido —sobre todo para facilitarle el trabajo a tu hija más pequeña— que nombres tú a las personas que vivís bajo el mismo techo y, además, aquellas con las que consideras que tu hija establece un vínculo: mamá/s, papá/s, hermana, abuela, etc. Si tu hija tiene dos hogares porque tú y tu pareja no convivís juntas o estáis separadas, trata de incluir a los miembros del otro hogar, por más difícil o dura que sea la relación que tengáis. De esta manera, el juego será más cercano a su realidad, y más información podrás extraer. A medida que vayas nombrando personas, espérate a que elija un muñeco para cada una de ellas. Cuando los haya elegido a todos, pregúntale si quiere añadir a alguien más. Si es así, proponle que lo nombre y seleccione un muñeco para ese elemento familiar.

Mientras dura este proceso de selección de los muñecos con los que va a jugar, es importante que no emitas juicios del tipo «¡Pero si para papá has elegido a una niña pequeña!», «¿Por qué te pones a ti más grande que al abuelo?», etc. Deja que sea él/ella quien elija la representación que quiera para cada persona. Aquí también puede haber información relevante sobre cómo concibe el lugar de cada una.

Una vez que estén todos los elementos seleccionados y tenga claro a quiénes desea incluir —o a quiénes de los que tú has nombrado no quiere—, la consigna sería algo así como: «Con todos estos muñecos, quiero que montes una reunión de la familia. ¿Cómo los colocarías? ¿Dónde crees que se pondría cada persona en esta reunión?».

Y aquí le permites el espacio para que monte un buen atrezo para esa pequeña constelación familiar. Mientras él/ella se entretiene buscando el lugar de cada una, tu actitud es la de acompañar con tu presencia sin juzgar nada de lo que sucede. Te esperas a su lado; no vale eso de «Mientras montas todo esto, me voy a preparar la comida» Así creas un espacio de juego en común, dándole la importancia que merece.

Cuando decida que la reunión ya está lista, es el momento de explicarte por qué ha colocado cada elemento en el lugar que están. Si tu hija no está preparada para este juego, en esta parte te vas a dar cuenta de ello porque no va a poder responder a tus preguntas ni realizar los movimientos que le propongas. De todas formas, no hay que tomar a la ligera las respuestas que nos dan las niñas. ¡A menudo pueden contener mensajes muy interesantes! De esta manera le preguntas por qué fulanita está al lado de menganita, por qué una está más separada que los demás, etc., y vas reteniendo las respuestas que te da, de nuevo, sin juzgar o cuestionar más de la cuenta.

Cuando acabe la descripción, va a aparecer en escena un elemento nuevo: ¡la varita mágica! Puede ser un palito decorado por ti, o uno recogido del bosque o del parque. Esta varita mágica tiene el don de poder cambiar aquello que deseemos de nuestra reunión familiar. Así se lo explicas a tu hija antes de dársela: «Mira, esta varita mágica puede cambiar lo que tú quieras dentro de esta reunión familiar: si te gustaría que alguien estuviera sentado en otro lugar, o que viniera alguien que no está, o que alguien que está se fuera, etc. ¡Con ella puedes crear tu reunión ideal!».

Normalmente en este punto, a las niñas se les ilumina la cara. Todo aquello que tiene que ver con la magia y con poder hacer las cosas a su antojo es maravilloso. Pídele que se tome su tiempo para realizar los cambios, aunque la tendencia es hacerlo rápido. Aquí es muy importante que puedas recibir los cambios que tu hija desee crear desde su concepto de reunión ideal. Puede que algunos los comprendas y te gusten, otros no, pero todo es parte del juego.

Cuando haya rehecho su reunión y te haya explicado el porqué de los cambios, es el momento de poder devolverle todo aquello que le gustaría sin justificaciones o explicaciones más adultas y racionales.

Imagina que a Cian le gustaría que sus padres se sentaran juntos en la mesa y así los coloca en su versión ideal. Lo que sucede es que están separados y su relación es muy tensa. La madre de Cian, que es quien en esta ocasión acompaña el juego, se sienta a su lado mientras él le expresa su deseo. Es difícil para ella recibirlo de su hijo porque le da a entender que el niño todavía los quiere ver juntos, pero comprende que, como hijo, no puede entender todavía que ellos están mejor separados, y Cian también. La mamá acoge su comentario y, en la fase de recogida, le devuelve la frase: «He visto que en la primera reunión tu padre y yo estábamos muy lejos. Cuando te he dado la varita mágica enseguida nos has colocado uno al lado del otro. He escuchado que te gustaría que esto fuera así en tu reunión familiar ideal, aunque sabes que en la primera que has creado estamos lejos». Y punto. Así de sencillo. No hace falta explicarle a Cian que están separados, que es mejor para todos, que juntos discutían mucho, que bla, bla, bla.

Siento ser directa, pero es básico que comprendas que tu hija no necesita explicaciones adultas cada dos por tres. Lo que mejor puede tener es sentirse escuchada en sus deseos —sin ser juzgada—, comprendida y arropada por tu presencia.

Este juego puede brindar mucha claridad a lo que tu hija necesita, a la vez que es un gran entrenamiento para que puedas acompañarla desde el respeto en sus anhelos y deseos, aunque ellos sean naífs e inalcanzables por el momento.

¡Yo solo quiero que me mires más y me tengas en cuenta como antes!

Celos entre hermanos

«Tener un hermano es lo mejor que puede pasarte en la vida». Lo habrás escuchado muchas veces, ¿verdad? La realidad es que esta frase puede ser tan cierta como falsa, dependiendo de quién la lea.

¿Qué es lo que hace que la relación con los hermanos sea mejor o peor?

Hay varios factores que pueden ayudar a que la relación fraternal sea vivida como una experiencia amable y positiva, o, por el contrario, que sea motivo de disputas y conflictos. Voy aquí a tratar de hacer una breve explicación de algunos hechos que considero importante tener en cuenta.

Cuando una familia decide tener un segundo hijo, pocas veces se plantea empezar a preparar el terreno emocional del hijo que ya convive con ellos. Tener un hermano puede suponer un choque —que no tiene por qué ser negativo— importante en la vida de tu primer hijo, y cuanto más pequeño sea este, más va a notar la ausencia de mirada exclusiva.

Recuerda que a lo largo del libro hemos ido compartiendo la visión de la crianza respetuosa, en tanto que cuida las necesidades auténticas de tus hijos. Cuando los niños son pequeños, sobre todo antes de los tres años de edad, se encuentran en una fase de su desarrollo vital donde la mirada de los padres y las madres —o personas que le maternan— es indispensable para su desarrollo óptimo. La herida del abandono puede darse aunque no existan hermanos si esta presencia y esta mirada incondicional no se propician.

Poseemos el mismo cerebro mamífero que otras especies de animales; estamos programados, a nivel profundo, para mantener la supervivencia de nuestra especie, y respondemos al entorno tal y como hemos registrado —ya sea genética como epigenéticamente— que es más adaptativo para lograr el objetivo de sobrevivir. En los primeros años de vida, a falta de experiencia vital y de conocimiento cognitivo abstracto, nos comportamos según nuestros patrones mamíferos de actuación. Es por eso por lo que muchas veces nos podemos llegar a sentir como una cría en medio del bosque. Imagínate que asimilamos a tu hijo menor de tres años con esa cría de ciervo que se mueve por el bosque pegadita a su madre: para sentirse protegida, tener el alimento cerca y buscar cobijo cuando lo necesita. Exactamente estas son las necesidades de tus hijos pequeños. Seguimos imaginando que, un buen día, esa madre ciervo decide irse a comer unos brotes más tiernos que están del otro lado de la colina y se marcha sin su pequeña cría. Esta, indefensa, sentirá que su vida está en peligro, que no sabe cómo obtener alimento y que cualquier ruido de su entorno puede ser un posible depredador. Su sistema nervioso estará en alerta total, generando altos niveles de cortisol y adrenalina que van a disminuir su capacidad de desarrollo óptimo. **Cuando el cuerpo está concentrado en sobrevivir, no lo está en vivir**.

A menudo, a nuestras crías humanas les toca vivir situaciones similares en las que no sienten las miradas de quienes pueden darles protección. Es en estos momentos cuando sienten el abandono, sus cuerpos se tensan y entra en juego todo el mecanismo bioquímico para sobrevivir. Aunque solo hayamos salido a comprar el pan; aunque les hayamos dejado con alguien de nuestra confianza; aunque desde nuestra visión adulta hayan sido unos pocos minutos.

¿Qué crees que sucede, pues, cuando en la vida de ese niño aparece un hermanito?

Creo que estarás de acuerdo conmigo en que cuando tenemos un recién nacido, la atención que le propiciamos y sus necesidades son lo más prioritario de nuestra vida. Los bebés no deberían comprender la espera hasta varios meses después de haber nacido. No están preparados para esperarse, sobre todo durante la exterogestación (nueve meses). Entonces, ¿cómo articulamos la crianza con más de un hijo?

Límites previos

Para poder acompañar con respeto a ambos hijos, es muy importante que el hijo mayor haya podido conectar con la capacidad de esperarse previamente. Según las neurociencias, vemos que es a partir de los tres años cuando los niños pueden comprender —siempre que hayan gozado de un apego seguro con sus figuras de referencia— que mamá y papá pueden irse un rato y dejarles solos sin que esto les dispare la sensación de abandono o el miedo a morir. Si tu hijo mayor va a ser menor de tres años, es probable que la espera de no poder ser atendido en el momento que desee le cueste más de gestionar. Así que deberás comprender que no te demanda o se queja porque sienta celos o quiera provocarte solamente, sino porque su necesidad biológica todavía es la de obtener tu mirada y tu presencia cercanas.

La frustración también es un aspecto fundamental que trabajar con tu hijo mayor antes de recibir al próximo. El miedo de las personas adultas a que nuestros hijos se frustren y que esto les genere un trauma —probablemente a causa de frustraciones excesivas en nuestra propia infancia— genera modelos de crianza donde la frustración no tiene lugar. El primer paso para educar para la vida es tolerar que nuestros hijos comprendan que no pueden tener siempre lo que desean; que no pueden salirse siempre con la suya.

Lo primero que debemos hacer para ello es tomar consciencia de qué tipo de límites ponemos en nuestra crianza. ¿Soy capaz de decirle que no aunque sepa que esto le va a doler? ¿Me disgusta profundamente que llore cuando no consigue lo que quiere? Para no extenderme mucho más en este tema, te remito al capítulo de los límites.

Si logramos que nuestros hijos mayores puedan sostener la frustración de no tener lo que quieren cuando lo desean —también en relación con nuestra presencia y mirada—, será mucho menos doloroso el hecho de esperarse ante cualquier demanda cuando nazca un nuevo hermano. La atención al bebé será prácticamente exclusiva los primeros meses, de modo que si el hermano mayor no ha conectado con nuestros noes cuando teníamos tiempo y mirada para darle, ahora que nuestra atención y presencia física está más vinculada a la del bebé, será muy doloroso para él/ella.

Es comprensible que ante esta situación de tener que renunciar a la satisfacción de todas sus necesidades, los que ahora son hermanos mayores entren en pataletas y rabietas, y acaben rechazando a ese ser recién llegado, puesto que lo culpan de todas sus carencias e insatisfacciones.

Comprender que nuestro hijo mayor también es pequeño

Normalmente, cuando en una familia nace un nuevo bebé, los hermanos mayores de este todavía son niños: más pequeños o más mayores, pero aún están bajo el paraguas del cuido familiar. A no ser que hablemos de un hermano mayor en etapa púbera, hasta entonces los niños todavía necesitan mucho apoyo de las figuras de referencia.

Es cierto que a partir de su etapa infantil (siete años) los seres humanos que han gozado de una crianza con apego seguro, de la mirada atenta de las figuras de maternaje y de su presencia amorosa, es probable que necesiten empezar a descubrir su entorno, sabiendo siempre, claro está, que, cuando el exterior se les haga hostil o complicado, podrán volver a su nido a reposar y conectar con el calor del hogar seguro. Ya no necesitan tanto de la mirada constante, puesto que, si durante estos siete años la han recibido, saben de sobra que existe, aunque por momentos no la encuentren.

Cuando los niños en etapa infantil tienen hermanos, sienten la ausencia de este acompañamiento tan cercano de sus figuras de referencia. Normalmente, y sobre todo en el caso de lactancia a demanda del nuevo bebé, la figura que toma el lugar más cercano al hermano mayor es el padre, o el miembro de la pareja que no amamanta.[20] Esos niños que se transforman en hermanos mayores siguen necesitando una presencia muy cercana de una figura adulta y la buscan en la que está más libre de la responsabilidad de la nueva vida.

Ante esto, se puede entender que los hermanos mayores —sobre todo si se hallan en etapa infantil— puedan reclamar mediante conductas no muy agradables para los adultos que los acompañamos nuestra mirada y presencia cuando la necesita. En lugar de enfadarnos y tacharle de egoísta y poco empático —que lo es debido a su etapa vital—, es muy importante comprender qué es lo que nos está pidiendo para dárselo en los momentos que podamos.

Espacio de exclusividad

Siguiendo con el punto anterior, para satisfacer esta demanda de nuestro pequeño hermano mayor, ayudará mucho poderle dedicar algunos espacios de exclusividad sin el bebé recién nacido. Si la persona que ha desarrollado el vínculo mayor es el padre, o el miembro de la pareja que no amamanta, podemos pensar que ese niño va a echar de menos a su madre. Si esta, además, ha sido su figura de maternaje principal, la necesidad va a ser mayor.

Compartir espacios con tu hijo en exclusividad, tanto si eres madre o padre, y siempre que lo hagas desde un espacio de conexión real, va a ayudar a reparar la ausencia de presencia y mirada que pueda tener. Escoge actividades que os gusten a los dos: ir al teatro, a la playa a jugar con la arena, a las tirolinas, bailar, jugar con barro, etc. Hay infinidad de propuestas y estoy segura de que con unas

---

20. En parejas no heterosexuales cisgénero.

te sientes más cómodo que con otras. Aprovecha esos momentos en los que tu hijo te necesita y desea compartir contigo. Piensa que dentro de unos años esto ya no lo vas a tener. Exprime las oportunidades que tu hijo te brinda de compartir momentos genuinos. Te aseguro que es medicina para el alma de los dos.

Inclusión

Otro aspecto que tener en cuenta cuando tu hijo pase a ser hermano mayor es poder compartir espacios en inclusión, es decir, donde la presencia de uno no excluya la del otro. Puedes usar un pañuelo para llevar a tu bebé pegado a tu cuerpo. Esto te va a permitir disponer de tus dos manos para dedicar un espacio conjunto con tus dos hijos. Si el pañuelo o la mochila no te gustan, entonces puedes dejar a tu bebé cerquita de ti en una manta a ras de suelo. Te puedes sentar junto a él mientras tu otro hijo se acomoda en el espacio y te propone algún juego o diversión para hacer juntos.

Lo que les acostumbra a gustar a los hermanos mayores es poder participar de los cuidos del bebé: puedes pedir que te ayude con su baño, con el cambio de pañal, colaborar con vestirle, ponerle aceite, etc. Sentir que son hábiles para interaccionar con su hermanito sin hacerle daño y, a la vez, recibir la mirada aprobatoria de su padre o su madre, será un regalo para ese hermano mayor. Recuerda que tu hijo va a sentir la ausencia de tu disponibilidad anterior. Es probable que siga buscando tu aprobación y reconocimiento, así que trata de dárselo a través de conductas que puedan facilitarte la tarea de acompañar a dos hijos a la vez.

Es importante evitar aquí conductas que incentivan la división entre hermanos, del tipo: «Tú ahora no llores, ya que eres el hermano mayor, y los mayores no lloran», «Venga, Pablo, que ahora ya puedes ir tú solo a la cama. Solo los bebés necesitan que se los acompañe. ¿No vas a querer ser uno de esos tú también?», etc. El abandono que puede llegar a sentir un niño cuando se le acompaña de esta forma, ya sea porque se le incentiva a saltar de etapa cuando no está listo, ya sea porque se le compara con un bebé cuando expresa lo que desea, genera una herida profunda que puede acabar desarrollando comportamientos de rechazo y celos más adelante.

Ambiente relajado

Tal vez te preguntes, y con razón, cómo lograr todo esto acompañando a un recién nacido. La respuesta no es sencilla en esta sociedad en la que vivimos, aunque te lo voy a explicar de todos modos porque conozco a muchas personas que ya se organizan para tener estilos de vida más sostenibles con la crianza y, quién sabe, puede que tú seas, o acabes siendo, de ese grupo.

Para gozar de tu crianza ya sea con uno, dos o más hijos y que estos gocen de su crecimiento sin heridas profundas —porque heridas van a tener alguna seguro, ¡tranquilo!— es fundamental disponer de un ambiente relajado. ¿Y eso qué es? Pues creo que no hay un ambiente relajado igual en dos personas, pero sí tienen características en común. Un ambiente relajado es aquel en el que estando inmerso te sientes seguro, a la vez que puedes disfrutar de las tareas que haces respetando el tiempo y las necesidades auténticas de todos aquellos que de ti dependen —inclúyete en el pack, ¡obvio!—. Los niños también lo necesitan, principalmente para sentirse seguros, emocionalmente cuidados, bajar la guardia de la supervivencia y lograr, en estos primeros años de vida, desplegar su potencial y establecer las conexiones internas necesarias para su futuro desarrollo.

Cuando estás, como madre, atravesando el puerperio, es muy importante sentirte acompañada de tu tribu, sentir que puedes contar con la ayuda necesaria para atender las labores urgentes, pero no importantes como son lavar, cocinar, ordenar, etc. Durante este tiempo estás sumergida en la crianza y en el establecimiento del apego seguro con tu bebé. Para todo esto no es suficiente tu pareja; ella debe estar centrada en cuidar de ti y de tu otro hijo también, así que tal vez llegó el momento de plantearnos generar redes de colaboración para momentos vitales como estos, para gozar de etapas vitales relajadas y poder aportar calidad a nosotros mismos, a nuestros vínculos y a nuestras futuras generaciones.

Relación paradójica

Piensa que tu hijo mayor está viviendo un período de adaptación a la nueva estructura familiar. No tiene por qué desagradarle siempre, de hecho, a menudo lo disfrutan si podemos acompañarlos con el mimo y la paciencia que necesitan. Muchas veces, las rabietas y las llamadas de atención de los hermanos mayores son tomadas como un signo de celos. ¡Y nada más allá de la realidad! Después de haber leído este capítulo, podrás comprender que estas pueden ser, tan solo, un síntoma de que tu hijo mayor necesita más presencia y más atención. Obviamente que es debido a la existencia de su hermano pequeño, pero lo que manifiesta con su actitud tiene que ver con él/ella mismo. Si pudiera articular el lenguaje maduro, lo que te diría probablemente se parecería a esto: «¡Yo solo quiero que me mires más y me tengas en cuenta como antes! ¡Te echo de menos! No es que no quiera a este hermano, bueno, de hecho, todavía no he decidido si lo quiero o no... *me* estoy acostumbrando a vivir de esta forma, y por momentos no me resulta fácil. ¡Compréndeme tú, que eres adulto! Este bicho a veces me hace gracia, pero cuando veo que lo miras más que a mí ¡me da rabia y lo tiraría a la basura!».

La relación entre hermanos puede llegar a ser muy paradójica: hay tanto amor como ganas de deshacerse del pequeño. Y es importante que podamos dar cabida a todas las emociones que exprese sin tomárnosla al pie de la letra. Si tu hijo mayor te dice: «Mamá, ¿cuándo devolvemos a Mara?», o algo así como «Papá, ¿si le doy un golpe fuerte a Leo se morirá?», te está expresando parte de su vivencia hacia su hermano. No le censures por lo que dice o piensa. Recuerda que es un niño y que su moralidad es precoz. Puedes acompañarle con la actitud de comprensión de lo que vive por dentro. Algo así como: «¿Te gustaría que Mara se fuera a vivir a otro lugar para estar más tiempo conmigo?», y en el otro caso, «¿Puede ser que a veces te enfades con Leo porque está más tiempo conmigo y quieras pegarle fuerte?». Devolverles este tipo de frases, que tanto recogen sus emociones como reflejan una comprensión de ellas por nuestra parte, abre una oportunidad de diálogo que posibilitará un acompañamiento real de sus necesidades auténticas.

JUEGO EN FAMILIA: YIN-YANG

Para la actividad de este capítulo me voy a inspirar en los principios orientales del equilibrio universal. Seguro que en algún momento habrás visto este símbolo donde la parte negra y la parte blanca se entrelazan en una danza infinita.

El concepto del yin-yang hace referencia, para explicarlo de una manera que tenga sentido en este capítulo, a la mezcla tanto de la luz como de la sombra. Hasta lo visto hasta ahora te has podido dar cuenta de este baile entre emociones opuestas que experimenta tu hijo mayor al tener un hermano pequeño.

Para esta actividad vas a necesitar un muñeco que tenga los genitales del mismo sexo que los de tu hijo menor. Te recomiendo que consigas un muñeco lo más parecido a un bebé recién nacido para que la similitud sea mayor. Para acompañar este juego es muy importante que hayas comprendido todo lo explicado anteriormente. Este juego está pensado para niños en etapa infantil (hasta los siete años). Para hermanos mayores que superen esta edad, tendrás que valorar si quieres jugar de esta forma —que probablemente en algunos momentos les puede ir bien— o si puedes tratar de establecer otro tipo de dinámica que incluya más el diálogo, puesto que su capacidad de abstracción y de empatía estará más desarrollada.

El juego consiste en utilizar al muñeco como objeto de descarga de todas aquellas palabras, agresiones, mensajes que el hermano mayor esté proyectando al hermano pequeño. No estoy diciendo que debemos incentivar la rabia o la energía agresiva si esta no sale. Sencillamente que, para darles la opción de canalizar su angustia, disconformidad y frustración, si aparecen, por haber tenido un hermano pequeño, nos va a servir tener un muñeco con el que descargarse, en lugar de pasarnos el día diciéndole que no le pegue, no lo apriete fuerte, no le grite, no le insulte, etc.

A estas alturas ya sabes que los niños pequeños no tienen la capacidad empática desarrollada y no poseen una estructura moral adulta que les haga comprender los principios éticos que nos rigen como adultos. Tampoco tienen el sistema de regulación de impulsos maduro, y por eso lo que sienten lo expresan tal y como viene. Poco a poco irán siendo más y más capaces de regularse. A partir de la etapa infantil estas habilidades toman otro matiz, y por eso puedes acompañar lo que se les mueva con herramientas distintas: tal vez pueden usar un cojín en lugar de un muñeco tan realista, o con un buen juego de lucha contigo logran descargarse y después hacer una integración de lo sucedido mediante la palabra. De todas formas, tengan la edad que tengan, los hermanos mayores pueden sentirse desplazados por su hermano menor, sobre todo si no tienen otros.

El muñeco te va a ayudar a redirigir las ganas de trasvasar el dolor de tu hijo mayor al menor. De la misma forma que se le puede mover esta necesidad de despreciarle y sacar su malestar hacia el más pequeño, vas a observar como a menudo también aparece la necesidad de estrujarle fuerte como símbolo de amor, de acariciarle constantemente, de susurrarle palabras dulces al oído. Tener este muñeco a mano va a ser la herramienta que complemente el proceso de ir madurando y comprendiendo que a las demás personas no les podemos infligir el dolor que sentimos dentro; a medida que se vaya pudiendo autorregular en lo emocional, irá perdiendo la necesidad de generar fuera lo que vive dentro. Para ello, va a necesitar mucha presencia amorosa que le oriente cuando más perdido esté.

El muñeco te va a ayudar a que tu hijo mayor experimente con todo aquello que quiere expresarle a su hermano pequeño: tanto lo que nos gusta como lo que no. Esta danza entre su yin y su yang va a permitirle vivenciar, de una manera tangible y sin riesgos, que lo que va proyectando hacia su hermano pequeño tiene matices distintos: cuando saca su dolor, le hace daño y esto le ocasiona llanto y malestar al bebé, se da cuenta que no es aceptado por las normas éticas de las personas adultas que le rodean. Cuando muestra amor, si es en exceso, le puede causar malestar y agobio al bebé. En cambio, cuando su amor y ganas de mimarle son adecuados a ese cuerpecito pequeño, parece que todo el mundo se relaja y que al bebé le agrada.

Es importante que tu hijo mayor pequeño no aprenda a reprimir todo el dolor que siente, si es que llega a sentirlo, cuando se percibe desplazado, sino que pueda vaciarlo mientras aprende a autorregular y a comprender lo que le sucede. No le vas a convertir en un niño violento por permitirle gritar y pegar a un muñeco que representa a su hermano. Los niños necesitan poder estar en paz internamente para integrar conceptos nuevos de una manera significativa y no tan solo por complacernos. Piensa que lo que no se expresa nos ahoga, y lo que logramos canalizar nos libera. Confía en que, con tu acompañamiento y tu paciencia, tu hijo va a lograr, poco a poco, expresarse más asertivamente e ir comprendiendo que hay cierto tipo de comportamientos que no son adaptativos para el entorno en el que vive.

Puedes acabar esta dinámica poniendo palabras a todo lo vivido: «Veo que has pegado fuerte al muñeco. ¿Hay algo que te molesta de tu hermanito? ¿Te gustaría que dejara de darle la teta para jugar contigo? Recuerda que ahora necesito estar con él/ella, pero que dentro un rato voy a poder venir a jugar a lo que tú quieras», por ejemplo. Cada situación es un mundo, así que confía en tus propias palabras y ten en cuenta que es muy importante acoger todo lo que tu hijo mayor está expresando, aunque sea de una manera incorrecta. Si le gritas, va a gritar. Si le ignoras, va a aprender a ignorarse. Mirarles con amor y comprensión es el mayor regalo. No te asustes por todo lo que pueda decir o hacer a su hermano pequeño; tómalo como un mensaje desesperado que sale de su interior y que te pide cariño y atención.

Recuerda aquello de «Ámale cuando menos lo merezca porque es cuando más lo necesita». Y respira. Todo lo que ahora puedas darles va a ser un regalo para vuestro futuro en común.

¡Ánimo!

Acompañar con respeto las mentiras
desde una edad temprana
facilita que las niñas no se enquisten
en comportamientos perjudiciales,
como es la mentira compulsiva.

Mentiras

Seguro que habrás oído hablar del cuento de *Pedro y el lobo* en alguna ocasión. Vaticino que también habrás tratado de contarle a tu hija que si no deja de decir mentiras, le pasará como al protagonista del cuento y nadie la creerá. Y, probablemente, si tienes una niña pequeña no te habrá funcionado, ¿verdad?

Las mentiras son un acto común en la gran mayoría de las niñas durante su desarrollo. En edades más tempranas están muy relacionadas con la capacidad de imaginación que van forjando mientras entran a explorar el mundo que las rodea. Pueden mentir en el sentido literal, pero no existe una carga moral en tales hechos. Por ejemplo, tu hija puede mentirte diciéndote que ese palo que ha encontrado en el bosque tiene poderes mágicos y le ayuda a que sus zapatos, en lugar de caminar, vuelen. Este tipo de mentiras están vinculadas con deseos mágicos naturales de su edad. Pueden haberlo visto en un cuento, o en unos dibujos animados, y lo integran como una opción viable en sus vidas. Como probablemente el tipo de magia que absorben de tales escenarios es poco real y difícilmente podrán encontrarse con unas zapatillas que vuelen, lo hacen posible y real en su imaginario y así lo comunican.

Existen, sin embargo, otro tipo de mentiras con una intención más moral y compleja. Algunos estudios indican que ya pueden darse antes de los seis años con tal finalidad. Este tipo de mentiras es la que acostumbran a preocupar a las familias, sobre todo cuando son muy recurrentes.

Las mentiras cubren necesidades de base de las niñas. Ya hemos dicho que cuando ellas conectan con una necesidad propia, van a tratar de conseguirla por todos los medios. Lo que nos pasa muchas veces a las personas adultas es que nos quedamos con la forma y no con el fondo, que es donde está lo importante. A continuación te voy a hablar del tipo de mentiras que más te inquietan; de todas formas, lo que te pido es que comprendas que bajo cada una de estas distorsiones de la realidad se esconde una necesidad que siente tu hija y que debes poder ver y comprender. Si ante las mentiras nuestra reacción es el castigo o la reprimenda, lo que vamos a conseguir con ello será tan solo generar niñas que perfeccionen su mecanismo de engañar para no ser «pilladas» de nuevo.

Existen varios motivos por los cuales tu hija puede mentirte:

- → Evitar un castigo
- → No sentir vergüenza
- → Mantener su autoestima
- → Miedo
- → Imitación
- → Conseguir lo que quiere
- → Búsqueda de amor
- → Exigencia, etc.

En cada una de estas situaciones, si nos detenemos a observar qué hay en el fondo, es probable que lleguemos a comprender por qué nuestra hija nos ha mentido. Lo que es importante también es facilitarle mecanismos para que vaya encontrando la forma de salir del malestar que le puede ocasionar alguna de estas situaciones sin que tenga la necesidad de usar la mentira. Propiciar nuevos recursos para que pueda pedir lo que desea o explicarnos lo que le incomoda empieza desde muy temprana edad. Así, para promocionar el bienestar en temas de sinceridad, te invito a que en tu hogar existan el máximo posible de los siguientes puntos:

→ **Un ambiente en el que la conversación tranquila sea la tónica dominante.** Si en tu casa esta es la forma que tenéis de relacionaros, es muy probable que tu hija se permita compartir sus puntos de vista, aunque no sean como los tuyos, y sentir que no es juzgada por ello.

→ **Tratar de que las mentiras adultas no tengan espacio.** Cuando las personas adultas —que somos los referentes de nuestras hijas— nos relacionamos con el uso de la mentira, les estamos transmitiendo que mentir es una opción válida en su relación con nosotras.

→ **Que las consecuencias a la falta de límites sean coherentes con lo sucedido.** Poner castigos muy duros ante cualquier transgresión del límite genera que las niñas se sientan impulsadas a evitar, a toda costa, el displacer que esto les genera. Cuanto más duros y autoritarios son los castigos en nuestro hogar, más generamos en las niñas la necesidad de escapar de ellos.

→ **Comprender sus necesidades.** Tu hija tiene necesidades que pueden ser diametralmente opuestas a las tuyas y no por eso son incorrectas. Afina mucho la percepción y el juicio para no caer en el reduccionismo de que lo que las adultas necesitamos siempre es más importante que lo suyo. De ser así, tu hija necesitará mentirte con tal de obtener aquello que quiere. A veces, detrás de una mentira que encubre haber comido más chuches se esconde una necesidad auténtica de más amor y atención.

→ **Generar un espacio relajado.** Para que tu hogar sea un ambiente relajado debes considerar en qué etapa del desarrollo se encuentra tu hija y qué necesidades tiene. «Un niño, cuando está bien, se porta bien», decía la sabia Rebecca Wild. Si el espacio es relajado, puede acoger aquello que tu hija necesita para su etapa vital. Si se siente atendido y dispone de los recursos necesarios a su alrededor, no necesitará manipularte para obtenerlos.

→ **Atender emocionalmente a tu hija implica lo que vengo explicándote a lo largo de los capítulos.** Darle mucha importancia a cómo la miras, qué mensajes recibe de tu parte en lo referente a la autoestima, sus capacidades, su fortaleza, etc. Se ha demostrado que las niñas que tienen mejor concepto de sí mismas y mayores habilidades en las inteligencias múltiples mienten menos, puesto que no necesitan distorsionar su realidad para conseguir lo que quieren.

Las mentiras pueden llegar a ser una herramienta demasiado usada cuando estos puntos anteriores no se acompañan adecuadamente. Te invito a que te preguntes también cómo reaccionas ante las mentiras de tu hija. Si las personas adultas nos lo tomamos demasiado a pecho, no favorecemos la escucha real de lo que este síntoma, llamado mentira, nos está contando acerca de nuestras pequeñas. Recuerda que un comportamiento asertivo es indispensable para trabajar los engaños.

Si tu hija miente a menudo, trata de acompañar sus mentiras desde un lugar tranquilo, a poder ser en privado, para generar un clima de confianza en el que se sienta lo suficientemente segura para poder contar la verdad de lo sucedido. No todas las mentiras requieren de una consecuencia. Si hablarlo os lleva a un entendimiento de la vivencia, la situación puede quedarse ahí. Sí que es importante recalcar la importancia de expresar las cosas sin miedo ni distorsiones, pero para que tu hija lo integre y lo lleve a cabo, es imprescindible que cuides los puntos anteriores. De lo contrario, la amenaza que va a sentir pesará más que tus palabras y seguirá mintiendo. Recuerda que las niñas se rigen por sus sentimientos y vivencias, más que por las palabras que les decimos.

Acompañar con respeto las mentiras desde una edad temprana facilita que las niñas no se enquisten en comportamientos perjudiciales, como es la mentira compulsiva. Si a partir de la etapa infantil tu hija sigue mintiendo reiteradamente, aparte de leer este capítulo y aplicar lo que en él te explico, tendrías que plantearte buscar a alguien que te acompañe como familia en este proceso.

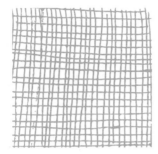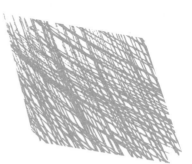

JUEGO EN FAMILIA: VERDADERO/FALSO

Este es un juego preparado para hacer con niñas mayores de seis años. Ya hemos explicado antes que en edades más precoces es más común que sus mentiras y engaños tengan que ver con la fantasía y la magia. De todas formas, si tu hija usa la mentira con alguna de las finalidades explicadas en el capítulo, trata de acompañarla como lo expuesto y ver si así estas mentiras precoces van diluyéndose.

Para este juego vas a necesitar trozos de cartulina blanca del tamaño de una carta de la baraja convencional. A cada persona que juegue se le reparten dos trozos. En una vas a escribir la palabra *Verdad* y en la otra *Mentira*. Estas cartas las tendréis colocadas boca abajo durante toda la partida y se mostrarán tan solo al final.

Este juego funciona con turnos. La primera persona que juegue será la persona Narradora. Esta persona va a decidir, en privado y sin que nadie le vea, con cuál de las dos cartas se queda: la de Verdad o la de Mentira. En función de la carta que elija va a explicar un suceso que tenga que ver con la carta elegida: si has escogido explicar algo que realmente sucedió, deberás ceñirte a la historia tal cual pasó; si optas por la carta de la mentira, podrás inventar una historia que no haya sucedido tal cual la viviste.

Cuando la persona Narradora ya tiene clara su carta y su historia, la expone a las demás personas que juegan. Una vez que termine, las demás deberán escoger, también en privado, con cuál de las cartas que tienen se quedan, en función de si sienten que el suceso contado es de verdad o es de mentira. Cuando tengan la carta la pondrán delante de ellas boca abajo, sin mostrar, todavía, lo que hay escrito. Cuando todas las personas tengan sus cartas seleccionadas las girarán dejando ver qué es lo que cada una ha escogido. Entonces será el turno de la persona Narradora de dar la vuelta a la suya y ver con quiénes ha coincidido y con quiénes no.

En este juego no se trata de ganar o de perder, sí de explicar qué es lo que te ha hecho pensar que la historia que has escuchado era verdad o que te ha hecho sospechar que era mentira. Cada participante debe explicar por qué ha elegido una carta u otra. En el caso de la persona Narradora, explicará por qué ha inventado lo que ha explicado, o por qué ha decidido contar su historia verdadera. Contrastar criterios os acercará a entrar más en el mundo interno de cada una para poder comprenderos mejor.

Este juego pretende desestigmatizar las mentiras generando un espacio lúdico en el que las personas puedan contar tanto sus verdades como sus engaños. Establecer este tipo de dinámicas ayuda a poder hablar de las mentiras sin tanta carga. Esto contribuye a que, ante las futuras mentiras de nuestras hijas, tengamos más recursos para respirar y comprender qué mecanismos encubren. La confianza y la tranquilidad con que las acompañamos puede marcar una gran diferencia en la prevalencia de estas.

¡Vamos a contar mentiras, tralalá!

Somos lo que comemos, y nuestros hijos también.

Comida

Hemos llegado a un gran tema, uno de los que mueven más mensajes de nuestra historia familiar como hijos e hijas que fuimos. Sé que probablemente en cada capítulo empiezo con el mismo mensaje sobre la dificultad o complejidad del tema en cuestión ¡y es que todas las temáticas que se abordan en este libro son importantísimas!

La comida es un ámbito que conecta a las personas maternantes[21] con el instinto de nutrición. El acto de comer de tu hijo moviliza los instintos de supervivencia más básicos de madres y padres. Asociamos la nutrición con la vida, y con razón, y es por ello por lo que nos desvivimos para que nuestros pequeños ingieran alimento. Existe una creencia profunda acerca de la alimentación que vincula el hecho de ser buena madre con que tus hijos estén bien alimentados. Esto es especialmente patente en países, como el nuestro, en que la carencia de alimento generalizada se remonta a una época no muy lejana, en nuestro caso, la Guerra Civil. El miedo a la falta de alimento activó un mecanismo bioquímico en los cuerpos de nuestros abuelos que les predispuso a optimizar —entre otras muchas cosas— la absorción de grasas, puesto que estas entraban con escasez en el cuerpo. Esta memoria, consecuencia de un momento histórico concreto, fue heredada por nuestros padres y madres, y por tal motivo muchos cuerpos de personas descendientes de familias que sufrieron la carencia de alimentos engordan más rápido que los que no padecieron

---

21. Me refiero con maternantes a aquellas personas, tengan el género que tengan, que se dedican a cuidar, alimentar y acompañar niños. Para poder maternar no hace falta ser madre ni padre. Simplemente es necesario una actitud de presencia, escucha, amor y respeto hacia los niños que se tienen al cargo.

esta circunstancia en su genealogía. Junto con esta activación fisiológica, nuestros antepasados nos legaron un mensaje muy poderoso: el miedo a morir de hambre. Y este mensaje ha calado bien profundo en algunos de nosotros.

La ciencia de la epigenética está aportando mucha luz en el proceso de la adquisición de patrones y mensajes de nuestros antecesores. Comprender que lo que heredamos se inscribe en nuestras células podría parecer muy inamovible. ¡La verdad es que no lo es más que si no lo supiéramos! Pero la epigenética también nos explica que, así como estos mensajes de guion están en nuestra bioquímica, existe la capacidad en todo ser humano de transformarlos.

La comida, pues, abarca mensajes bien profundos que nos colocan en un lugar que ya no nos pertenece. Con esto no estoy diciendo que no existan familias que no tengan acceso a comida o que no pasen hambre. Solo hace falta leer la actualidad para desmentirlo. Lo que estoy diciendo es que, si a ti no te pasa, y aun así actúas como si te estuviera ocurriendo, es importante que lo revises para poner luz a tu acompañamiento a las comidas de tu hijo.

Voy a explicarte la situación con un ejemplo, ¡seguro que lo hace todo más sencillo!

Aitor es un niño de cinco años. Está sentado a la mesa del comedor de su casa con su madre. En la mesa se ven platos, vasos, cubiertos, etc., lo que nos hace pensar que están en la hora de la comida. Aitor va comiendo de su plato, en el que su madre ha servido macarrones con salsa de tomate, brócoli y un huevo duro. Mientras comen van hablando de temas triviales, aunque, observando más de cerca, vemos que su madre parece inquieta y cada dos por tres dirige la atención de Aitor al plato y a su tenedor. «Come», escuchamos. Ante tal consigna, Aitor deja de hablar y pincha un par de macarrones con su tenedor, que se lleva a la boca sin demora. Pasa un rato y Aitor ya ha comido prácticamente toda su pasta, el brócoli y tan solo le queda un poquito de huevo. Ahora Aitor parece inquieto. Cada vez tiene

menos interés en el plato y más en moverse, querer alcanzar otros cubier-
tos para jugar con ellos, etc. La madre se va inquietando más y más por-
que parece que ya no le funciona tanto la consigna que le va dando a su
hijo. En un momento, Aitor hace el gesto de bajar de la silla, pero su mamá,
lo caza al vuelo y cogiéndole del brazo le dice: «Aitor, no puedes bajar a
jugar hasta que te termines todo lo del plato. ¡Ya lo sabes de cada día!». El
niño trata de zafarse sin éxito y entonces empieza a quejarse. «¡Mamá, ya
no quiero más!, ¡me lo he comido casi todo!, ¡quiero ir a jugar!». Pero la
madre no empatiza con sus palabras y le retiene en la mesa. «Si no te
acabas esto, no te voy a dar el yogur de chocolate que he comprado para
ti», le dice. Aitor, comprendiendo que no puede luchar contra su deseo de
comerse la cereza del pastel, se rinde a sus demandas y engulle, sin ganas
ni hambre, los últimos restos de comida del plato.

En este simple ejemplo, hay infinitud de detalles y de matices que me gustaría compartir contigo para poder analizar este tipo de conductas que tanto practicamos los adultos en referencia a la comida. Vamos a analizar la situación poco a poco para tratar de desvelar recursos y alternativas a nuestros patrones limitantes en referencia a la alimentación de nuestros hijos.

Setting o escenario

En primer lugar, es importante que revisemos cómo es el lugar en el que nuestros hijos comen y si es adecuado a sus necesidades. Aitor está sentado a una mesa. ¿Cómo es la mesa? ¿Es una mesa alta o baja? ¿Tiene una silla adaptada o una trona?

Para que el espacio sea relajado para Aitor debe sentirse autónomo en él. Si la mesa en la que comemos es baja, Aitor puede tener su sillita y ser él mismo el que entre y salga del espacio. En cambio, si la mesa es alta, aquí es básico que la silla que use le permita subir y bajar por sí mismo. Si ponemos a los niños en tronas, los condenamos a ser dependientes de nosotros para entrar y salir. Muchas veces esto hace que se agobien sobremanera en la mesa, sin tener la opción de sentirse libres de subir y bajar solos. Comprendo que la gestión de su autonomía puede ser un problema para muchos padres y madres, pero es importante que sepamos poner límites o contenciones para regular estas entradas y salidas de la mesa, más que encerrarlos en una trona de la que no pueden escapar.

Cuando los niños están preparados para sentarse solos y seguros en una silla —esto ocurre desde el momento que alcanzan su verticalidad—, podemos proporcionarles un lugar más adecuado para ello. Existen sillas en el mercado preparadas para acoger su autonomía. Si no también se puede colocar un cojín estable en una silla de casa, bien asegurado para que no resbale una vez sentados, y con un pequeño escalón o alzador para ayudarlos a subir por sí solos.

Poco a poco los niños también van adquiriendo habilidades para poder ayudar a poner la mesa: colocar los platos, los vasos, los cubiertos, etc. También es importante que en la cocina habilites un cajón o trozo de mueble a su altura para que puedan tener sus utensilios siempre a mano. Cultivar la autonomía en la preparación del momento de las comidas va a propiciar que se sientan motivados para ello.

Servirse

En el ejemplo presentado, a Aitor le ha servido la comida su madre. Le ha puesto en el plato lo que ella considera que es adecuado que coma. Pero Aitor ya tiene cinco años y debería disponer del conocimiento suficiente para saber cuánta comida va a ingerir. Si no ha podido experimentar con una buena dosis de práctica, Aitor sigue creyendo que son las demás personas quienes conocen mejor que él la capacidad de recibir alimento de su cuerpo.

Acompañar a los niños a que conecten con su saciedad es un proceso que toma su tiempo, y empieza por posibilitarles que se sirvan ellos mismos su comida. En el caso de los niños menores de tres años debemos estar a su lado cada vez que quieran hacerlo, puesto que la acción de trasvasar producto de un recipiente a otro es un juego que adoran. Es probable que si no estamos muy cerca para ayudarlos con la autorregulación, lo que hagan sea pasar el arroz de la fuente a su bol hasta que este desborde por los lados. Y aun así, van a aplastarlo con la cuchara o las manos para poder poner más. Los adultos podemos estar a su lado y, cuando ya se ha servido un par o tres de cucharadas, decirle: «Veo que te has puesto ya tres cucharadas de arroz en el plato. Ahora te voy a parar. Come lo que te has servido, y si cuando acabas quieres más, puedes repetir». Esto los ayuda a comprender que pueden servirse más si lo desean, y si es así, antes de hacerlo les podemos preguntar: «¿Qué dice tu tripa? ¿Tienes más espacio para comer más?». De esa forma, y con el tiempo, irán aprendiendo a comunicarse con su cuerpo, a escucharlo y comprenderlo.

Los límites son objetivos finales, es decir, no podemos pretender que un niño que nunca ha experimentado el servirse solo aprenda a regularse a los pocos días. Dependiendo de su edad y de su maduración, necesitará un tiempo más largo para alcanzar su autonomía.

Comprender que la soberanía de sus cuerpos les pertenece es abrirles la puerta a descubrir su propio poder personal. «Tu cuerpo es tuyo», les decimos, pero les obligamos a comer, a desnudarse cuando no quieren, a ponerse abrigo cuando no tienen frío, a besar a quien no conocen, etc. Poder respetar sus deseos puede confrontarnos con los nuestros, con la idea que tenemos de cómo deben ser las cosas, pero ¿queremos criar seres capaces de valerse por sí mismos, o nos conformamos con pequeños sumisos a quienes les vamos a pedir que maduren de golpe cuando creamos que ya ha llegado la hora?

Patrones

En el ejemplo, Aitor no parece tener ningún tipo de reparo en comer. Él va engullendo lo que tiene en el plato sin quejas ni reparos. Es tan solo que, llegado un punto, su cuerpo le dice que ya tiene suficiente con la ingesta. Es entonces cuando Aitor quiere bajar para jugar y olvidarse de la comida.

Por otro lado, vemos a una madre presente pero tensa. Constantemente está pendiente de que su hijo no se despiste del plato que tiene delante e inunda, con su alerta interna, el espacio de la comida. Por lo tanto, la mesa ya deja de ser un espacio tranquilo, donde poder conectar con el placer de la ingesta relajada, la comunicación amena y sincera, el descanso entre bocados, los ritmos propios. Este estrés que muestra la madre en referencia a la comida es probable que se origine en alguno de sus mensajes familiares: puede que tuviera carencias en su infancia y no quiere que a su hijo le falte de nada; puede que su padre o su madre estuvieran constantemente ordenándole que comiera; etc. Aitor, aunque trate de seguir con sus charlas de niño, recibe toda esa carga adulta comprendiendo que la mesa y la comida son fuente de tensión. Este mensaje, si su madre no lo transforma, va a ser retenido por Aitor como un patrón de comportamiento disponible para cuando sea adulto, y más si llega a tener niños a su cargo. La personalidad se construye así: según el temperamento de base con el que nacemos, vamos integrando las vivencias cotidianas de una u otra manera, para construir nuestra propia personalidad.

Chantaje

La tensión de la madre no se corresponde con lo que Aitor está haciendo en relación con su comida. Él, tranquilo y relajado, va comiendo lo que tiene en el plato. Tan solo al final, cuando Aitor no quiere más, la madre encuentra un buen motivo para desplegar su angustia, y para ello hace acopio de una estrategia muy peligrosa: el chantaje. «Si no terminas lo que tienes en el plato, no voy a darte el yogur de chocolate que he comprado para ti».

El chantaje es una estrategia conductual que da muy buenos resultados a corto plazo. Sí, es verdad, ¡funciona! Pero ¿de qué manera? Cuando Aitor se siente amenazado por su madre en tensión, comprende varias cosas: una es que el chantaje —aunque lingüísticamente no sepa en qué consiste— es un recurso válido para aplicar en la vida; otra cosa que aprende es que si quiere el caramelito que su madre le está proponiendo, debe someter su voluntad; y por último, aprende que los avisos de su cuerpo acerca de su saciedad no son válidos para su entorno, por lo tanto, mejor ignorarlos. ¿Cómo alguien que me quiere tanto querría hacerme algún daño? Así que Aitor renuncia a no comer más, traga lo que le queda en el plato, y todo esto por obtener a cambio una bomba de azúcar. Porque esto es lo mejor que puede hacer si es su madre quien lo ha preparado.

Es muy importante que podamos observar cuántas veces usamos el chantaje con nuestros hijos, y especialmente el chantaje con la comida. «Si te portas bien, te compraré un helado», «Sé buen niño, que te daré un caramelo», «Cuando acabes los deberes, te dejaré comer una galleta de chocolate», etc.

El chantaje en sí, como ya habrás visto, supedita la voluntad de tu hijo en un momento determinado para que realice aquello que tú necesitas que haga. Si esta manera de actuar es continua, tu hijo aprende a funcionar descartando las señales de su cuerpo. Pierde su poder personal, su sabiduría interna. **El chantaje debilita sus recursos de supervivencia y les hace más vulnerables a posibles amenazas vitales.** Cabe la posibilidad de que te preguntes si prefieres ir rápido con tus límites, o llegar lejos con ellos. Da para reflexionar, ¿verdad?

Comida real

Por último, me gustaría hablar del tipo de comida que ingieren los niños de hoy en día, y en cómo usamos algún tipo de alimentos para fortalecer el chantaje del que hablábamos arriba.

Creo que somos la primera generación que, probablemente, ha ingerido peor calidad —no cantidad— de alimentos que sus antecesores. El mercado alimentario es todo un negocio, y el marketing asociado, un embaucador de pobres. Es intolerable la cantidad de alimentos manipulados y con alta concentración glucémica que les estamos dando a los niños: zumos de frutas sin fruta, verduras llenas de pesticidas, alimentos modificados genéticamente, azúcar por todos lados, etc. Tomar conciencia que aquello que ingerimos por nuestras bocas nos conforma es un acto de autocuidado importante. **Somos lo que comemos**, y nuestros hijos también. ¿Apostamos por la salud?

Otro aspecto en referencia a la comida que no alimenta es cómo la usamos para obtener aquello que queremos. ¿Cuántas veces un rico postre ha «ayudado» a que tu hijo se comiera lo que tú querías? ¿Cuántas veces un caramelo ha reportado un beso de un niño? ¿Cuántas rabietas se han parado con chuches y dulces?

Hay alimentos que asociamos a estados emocionales. Cuando escribo esto me viene una escena de la película *El diario de Bridget Jones* en la que la protagonista, deprimida y triste, se apoltrona delante de la televisión con un cubo de cinco litros de helado. Existen, pues, alimentos que tapan penas. Lo que pasa es que las emociones no existen para que las reprimamos o las cubramos con el *brownie* más sabroso del mercado, sino que aparecen en nuestras vidas para que podamos gestionarlas, abrazarlas y lidiar con ellas. Y esto es lo que deberíamos poder hacer con nuestros hijos: acompañarlos en sus límites, en la gestión de las dificultades, estar presentes en los conflictos que viven, sostener sus rabietas. Y todo esto sin un chantaje de fondo o un caramelo que supla el tiempo y la paciencia que me falta para estar a su lado. Ofrecer un dulce a un niño que sufre es abandonarlo con sus dificultades y enseñarle que, ante ellas, mejor despistarlas con comida. Y así crecemos asociando tipos de alimentos a determinados estados internos: algunos comemos pan para sentirnos bien; otros, helados, chocolate, bollería, embutidos, etc. Seguro que tú, como yo, tienes tu preferencia sobre qué llevarte a la boca según cómo te sientas.

Como adultos responsables de la crianza de nuestros hijos es básico que nos preguntemos qué tipo de alimento les facilitamos a los niños. Y te voy a pedir más: debemos cuestionarnos si somos capaces de alimentar a nuestros hijos desde nuestra alma, y no solo desde nuestra despensa. Debemos comprender que tenemos la capacidad de nutrir con presencia, afecto, amor, comprensión, respeto, etc., y darnos cuenta de que todo esto alimenta muchísimo más que cualquier supletorio que les facilitemos para que dejen de llorar, patalear o quejarse.

Para este capítulo, el juego que te propongo tiene que ver con la autonomía de tus hijos en relación con su alimentación. Como ya decíamos al principio del capítulo, Aitor necesita descubrir que tiene el derecho y el deber de gestionar su alimentación, poco a poco, claro está, y con la presencia de los adultos de referencia.

JUEGO EN FAMILIA: *PETIT CHEF*

Este juego está enfocado a las familias con hijos mayores de dos años, o para aquellas en que sus hijos ya muestran interés en la cocina y en poder ayudar cuando los adultos preparan las comidas. Es un juego que ayuda a que los niños se conecten con la nutrición desde el juego, y a que las madres y los padres se diviertan en la cocina con ellos.

Para jugar a este juego necesitas una cocina segura, es decir, donde los utensilios peligrosos no estén al alcance de tus hijos, y con un buen espacio preparado para ellos: puede ser una mesa baja donde cocinar todos, o puedes fabricar un banco de aprendizaje para que, de una forma segura, accedan a la cocina.

El juego es muy sencillo: un día a la semana, cada quince días o uno al mes (esto va a depender de lo que como adulto puedas tolerar y sostener) serán tus hijos quienes escojan el menú y lo preparen, siempre con tu presencia cercana, claro. Las opciones de elección de la comida serán consensuadas, de lo contrario y dependiendo de la educación gastronómica que tengan tus hijos, puedes encontrarte con una cena a base de pasteles, chuches y helados.

De lo que se trata es de poder ir trabajando la importancia de alimentarse con conciencia, y esto es un trabajo que empieza por los adultos. De esta forma, si nosotros nos lo tomamos con la importancia que tiene y vamos introduciendo cambios en nuestra forma de gestionar la alimentación, podremos también explicarles desde nuestro ejemplo la diferencia entre alimentos que sacian y alimentos que nutren.

Volviendo al juego, seremos los adultos quienes vamos a acotar el rango de elecciones posibles. Y no pienses que esto es castrar, sino que es crear un espacio de cuido para todos. Si tienes dudas al respeto, repasa el capítulo de los límites y el de la autonomía.

Una vez diseñado el menú, se trata de repartir tareas. Los niños van a escoger aquello que les apetezca más hacer, y los adultos deberemos acompañarlo con paciencia y presencia, tanto si es pelar, cortar con el cuchillo —para ello podemos tener cuchillos más manejables para ellos—, hervir agua, saltear en una sartén, etc. Compartir el acto de cocinar con los niños es algo muy divertido y mágico. Para muchos de ellos es posible que sea la primera vez que lo hagan, así que tómatelo con calma, sin juzgar, respetando sus tiempos y respondiendo a sus preguntas.

Una vez terminado el menú, pondréis entre todos la mesa y ellos ayudarán a servir. Es muy importante que el *feedback* que les deis sea de ánimo y de confianza en sus capacidades. Compartir la mesa todos juntos después de esto se va a transformar en un espacio de integración de la vivencia en la cocina y de más conexión de ellos con el alimento que ingieren. Te invito a que trates de aplicar lo leído previamente en este capítulo en referencia al sentarse, servirse, la actitud en la mesa, etc.

¡Ah! Y recuerda que la salud también pasa por una buena actividad física como el deporte, el juego, los paseos por la naturaleza, la vida tranquila y sosegada, etc. Si logramos todo esto, ¡os auguro una crianza llena de sorpresas y momentos que te van a llenar el alma y la tripa!

Bon appétit!

La familia es un organismo vivo,
que entiende de ciclos y fases,

y que por ello
se va transformando
con el tiempo.

Separaciones familiares

Como ya comentábamos en la introducción de este libro, el concepto de familia es muy heterogéneo. Nos encontramos en un momento histórico en el que la unidad familiar ortodoxa se ve cuestionada por la variabilidad de las vidas que llevamos y por los impulsos individuales en busca del bienestar, más allá de mantener compromisos perennes y rígidos.

Hasta hace unas décadas el sistema social en el que vivíamos propiciaba una visión de la familia heterosexual donde el hombre ocupaba el rol público de cabeza de familia, y la mujer, un espacio más silenciado de cuido entregado a los demás. Esto era incuestionable e inamovible. Las cosas han cambiado, en cierta manera, y la estructura familiar está más viva que nunca. Los hombres ya no son los cabeza de familia que sacan adelante la familia con bienes materiales, puesto que en algunos casos ya es la mujer quien aporta más dinero al sistema; las mujeres tienen acceso al trabajo público y a las posiciones de poder. Son más visibilizadas y reconocidas —en mayor o menor medida, y con mucho trabajo aún por hacer para la igualdad real— en su estatus laboral. Toda esta transformación también ocasiona un gran cambio en los roles de crianza de las hijas, que cada vez pasan más tiempo ocupadas en tareas escolares o con actividades extraescolares. La familia se transforma, pero la sociedad parece no comprender la importancia de cuidar los ritmos adultos en pro de las necesidades infantiles. Creo que como colectivo deberíamos invertir más en políticas de infancia para cuidar y garantizar su seguridad afectiva a todos los niveles, sin que para ello deban volverse a hacer cargo de sus necesidades las mujeres.

Relegar el cuido emocional de las hijas a sus madres implica que estas deben permanecer más tiempo disponibles para las tareas domésticas y, en consecuencia, ante una posible separación, quedan expuestas a la dependencia económica de sus exparejas, perpetuando así el control y el poder que estos ejercen sobre ellas. A raíz de todo el movimiento liberador de la mujer ha surgido un nuevo «síndrome» que no lo es, es decir, que no existe como tal, puesto que ningún organismo oficial encargado de catalogar las patologías mentales humanas lo considera así. Estoy hablando del famoso SAP (síndrome de alienación parental). Es cierto que se habla del estrés producido en niños y niñas debido a la separación conflictiva de sus padres o madres, pero que un problema de relación se considere un síndrome es otro tema. Para ser considerado como tal debe cumplir los criterios estrictos que la APA[22] se esmera en preservar.

El SAP sostiene que las hijas de padres y madres separados de forma traumática y conflictiva sufren cuando uno de ellos —y en general se habla de las madres por ser las portadoras de la custodia— triangulan para impedir que quieran visitar al padre. Si bien es cierto que existe manipulación en muchos casos de separaciones, es importante que los organismos que se encargan de mediar los procesos hagan hincapié en el bienestar de las niñas escuchándolas e indagando qué sucede, atendiendo a cuáles son las verdaderas razones por las que muestran rechazo a las visitas, interviniendo con mediación si procede, en lugar de estigmatizar y etiquetar a las madres que tan solo dan voz a la negación del hijo o la hija de visitar al padre.

La familia es un organismo vivo, que entiende de ciclos y fases, y que por ello se va transformando con el tiempo. A menudo, estos cambios en el equilibrio interno propician rupturas y separaciones entre miembros del seno familiar, lo que conlleva un período de readaptación a la nueva situación, tanto para las personas adultas como para las niñas. Las separaciones de padres y madres

---

22. Asociación de Psicología Americana, organismo encargado de elaborar el DSM: manual de trastornos mentales.

pueden propiciar muchos tipos de reacciones en ellas. Estas vendrán determinadas por la forma de gestionar la transición de una estructura familiar a otra, así como de la personalidad de cada individuo que participe en esta redistribución. Como bien decíamos anteriormente, es muy importante comprender que, aunque la relación entre las partes adultas sea del todo patológica e imposible de gestionar, hay que cuidar el modo en que todo esto afecta a las hijas, puesto que son la parte más vulnerable del sistema y quienes pueden acabar recibiendo todo el malestar generado en el proceso de ruptura.

De todas formas, por más elaborada y amigable que sea la separación, el hecho de redefinir la familia en un organismo distinto ocasiona que las niñas necesiten un tiempo para orientarse en esta nueva etapa de sus vidas. Cada niña va a tener una forma propia de elaborarlo. Antes de los dos años es probable que no sientan la responsabilidad del proceso como algo propio. Es obvio que van a achacar los movimientos que se den entre las adultas, puesto que en esa edad todavía están sumergidas en el campo emocional de la figura maternante, así que cualquier cosa que esta —o su entorno inmediato— viva las niñas lo van a sentir. Si viven una separación en esta etapa, pueden llegar a reclamar mayor atención y presencia adulta; es posible que estén más irritables y enfadadas, así como que sientan malestar sin motivos aparentes.

Si la separación ocurre en una niña entre los dos y los siete años, recuerda que su capacidad para percibirse separada del mundo ya está despierta y es posible que pueda sentir que todo lo malo que pasa fuera es culpa suya. Está en plena etapa egocéntrica, y esto es un hecho común, así que, en este caso, es muy importante que puedas acompañarla en todo momento con el mensaje de que la decisión es algo entre tú y tu pareja, y que nada tiene que ver con ella. Las niñas en esta etapa pueden experimentar regresiones como el volver a no controlar esfínteres —pipí sobre todo—, a pedir dormir en la cama de las adultas (si no lo hacían) y a adoptar comportamientos más infantiles que sirven a una necesidad de sentir más arrope y sostén ante la nueva realidad que afrontan.

A partir de esa edad y hasta los doce-trece años aproximadamente, las niñas ya disponen de más recursos lingüísticos para expresar lo que van sintiendo. De todas formas, no olvides que son niñas todavía y necesitarán mucho tu presencia. Los sentimientos de rabia y culpa pueden alternarse con las regresiones y la necesidad de cobijo. En esta etapa, como ya estarán asistiendo a algún tipo de institución educativa, puede que se vea disminuido su rendimiento escolar o que pierdan el interés en actividades que antes les motivaban mucho.

Las separaciones familiares con hijas adolescentes también son complicadas debido a la gran complejidad de esta etapa vital. Las adolescentes ya están cerrando la infancia para dirigirse a la etapa adulta. Es muy importante que recuerdes que los modelos adultos que más van a integrar y reproducir son aquellos que ven en el hogar. De esta forma es crucial cuidar las formas y comportarse como dos personas adultas que han decidido no seguir un camino vital juntas para facilitar que la percepción que la niña tenga de la vida en pareja sea algo equilibrado y maduro.

En cualquiera de los momentos en los que tus hijas se encuentren, es fundamental que cuides las discusiones y rencillas en su presencia. Con esto no estoy diciendo que tener opiniones distintas sea algo que esconder. Solo que reflexiones si esa discusión que quieres empezar con tu pareja será sostenida de forma suficientemente madura para poder mantenerla en presencia de tus hijas. La gestión de las diferencias interpersonales es una habilidad que las niñas aprenden de ti y hay que cuidarla.

Para trabajar esta situación en el hogar te propongo un juego para que tu hija pueda integrar todo aquello que sucede en su entorno familiar comprendiendo que existe un lugar profundo en ella en que las cosas van a permanecer unidas.

JUEGO EN FAMILIA: EL AMULETO FAMILIAR

Este es un juego para niños y niñas a partir de los dos años, cuando la separación entre ellos y el entorno se va afianzando. Se trata de construir un collar que tendrá dos piezas distintas. Muchas veces, en sesiones con las hijas de parejas separadas, lo que trato de indagar primero es si en el fondo de su corazón quieren que sus papás o sus mamás estén juntas. En ocasiones puede ser que esa niña no quiera relacionarse con una de las dos partes, ya sea porque existen abusos, maltrato, miedos, etc. Si te encuentras con que tu hija no quiere visitar a su padre o a su madre, te sugiero que te dirijas a una profesional del acompañamiento familiar para que te ayude a lidiar con la situación.

El caso más habitual —por lo menos con el que más veces me he encontrado— es cuando las niñas no quieren que sus madres y padres se separen. Expresan que se sienten tristes, culpables, enfadadas, etc., desde que esa situación está presente en sus vidas. La verdad es que ellas nada pueden hacer para cambiar esa vivencia, y por más duro que les parezca, debe ser así. Una unión o una separación entre dos personas adultas no debería depender de la opinión de una niña. Ellas pueden opinar y manifestar sus preferencias, pero nunca debemos decidir qué hacer con nuestras vidas por ellas. La unión o la separación de una pareja es un proceso que toma un tiempo de reflexión y de análisis para cerciorarnos de que es el paso que queremos dar. Quedarte con tu pareja por tus hijas no les va a hacer más felices, puesto que lentamente tu infelicidad y lo que vas a transmitirles de lo que significa estar en pareja o ser familia va a estar totalmente alejado del componente de placer, felicidad y calma.

Para realizar este juego, lo primero que vas a necesitar es un papel y colores. Encuentra un momento de tranquilidad con tu hija y explícale que juntas vais a construir un collar muy especial: su amuleto familiar. Para ello debes preguntarte si estás preparada para incluir a tu expareja de una forma serena, sin juicios. Si no estás en este punto, no eres la persona adecuada para acompañar este juego con tu hija. Pide ayuda a algún familiar cercano, amiga, etc.

De lo que se trata es de que la niña disponga de un espacio donde poder hablar de la separación de sus padres o madres sin sentir la presión de tener que agradarte o complacerte con tus ideas. En este espacio es básico que se sienta reconocida su necesidad y deseo de mantener unida a la familia. Hay que dejar lugar a sus emociones y a sus opiniones, en el caso de que las tenga. Hablar de cómo lo vive y de sus sentimientos abre un espacio de confianza para la siguiente dinámica.

Una vez que hayáis hablado, le propondrás crear un amuleto muy personal. Para ello debe, antes, hacer un pequeño ejercicio de concentración para que salga de la mejor manera posible. De modo que le pides que se ponga cómoda y cierre los ojos. Le puedes hacer un pequeño masaje relajante, si le apetece y se deja, o sencillamente pedir que dirija su atención a su respiración. Cuando sientas que está relajada le propondrás que se imagine un lugar muy bonito y especial para ella, en el que van a aparecer dos personas muy importantes: su papá y su mamá.[23] Puedes preguntarle si las ve juntas o separadas. Le dices que se vaya acercando a una primero y que se coloque delante. Si es el padre, este le va a decir: «Soy muy feliz de tenerte como hija. También soy muy feliz de haber

---

23. Para familias homosexuales adáptalo al género que convenga: mamá y mamá, o papá y papá.

escogido a tu mamá, porque sin ella, tú no estarías aquí». Y le pides que se imagine que el papá le da una bolita para su collar. Es importante que le preguntes qué forma tiene, qué tamaño y qué color.

Cuando acabe se dirigirá a su mamá, si primero había ido frente al padre, y colocándose delante la mamá le dirá: «Soy muy feliz de tenerte como hija. También soy muy feliz de haber escogido a tu papá, porque sin él, tú no estarías aquí». Y de nuevo lo mismo. Le pides que se imagine que mamá le da una bolita para su collar. Indaga en las características de esta.

Antes de despedirse de esta imagen, le pides que retroceda en la visualización y que mire a su mamá y a su papá, mientras tú le dices: «Estas bolitas que te hemos dado son para que crees tu propio amuleto familiar, para que nos lleves siempre juntos en ti, porque en tu corazón, nunca nos podremos separar. Tu madre y tu padre estamos allí siempre juntos y te acompañamos allá donde vayas».

Poco a poco, le invitas a que vaya tomando distancia de esa imagen y que vuelva a abrir los ojos. Una vez que esté del todo contigo, le vas a pedir que dibuje las dos bolitas en una hoja como si colgaran de un collar. Una vez dibujadas, vas a tratar de fabricarlas o conseguirlas para poder crear, materialmente, el amuleto que tendrá la mitad de su padre y la otra mitad de su madre, y que va a llevar colgado siempre que lo necesite.

La dinámica que te propongo se puede hacer con niñas de a partir de cinco años, siempre y cuando estén preparadas y tengan ganas de jugar a imaginarse. Si les cuesta mantener los ojos cerrados, les puedes ayudar con un pañuelo, así se lo pones fácil y pueden estar más tiempo en la interiorización. Si tu hija es más pequeña o ves que no está por la labor, le puedes simplemente proponer una dinámica más sencilla para su edad: le vas a pintar en su corazón un círculo. Para ello puedes usar pinturas de piel. Y ese círculo lo vas a dividir en dos mitades y le dices: «Este círculo que te he dibujado es tu corazón. En una mitad está tu papá, y en la otra, tu mamá. Como ves, ¡siempre están juntos aquí, dentro de ti! Ahora,

¿de qué color quieres pintar la mitad de tu papá? ¿Y la de tu mamá?».

Cuando la niña te responda, le pintas el círculo con los colores que te haya indicado y le propones crear un collar con las bolitas del mismo color que haya elegido para cada uno. Así, cuando lo tenga colgado, le puedes decir lo mismo que antes: «Este collar tiene dos bolitas: una de tu papá y otra de tu mamá. Para ti están siempre juntitos en tu corazón, y nadie puede separarlos aquí dentro, tocando su círculo. Siempre te acompañan los dos allá donde vayas».

Es una dinámica muy poderosa y sanadora para las niñas que la experimentan. Te animo a que puedas compartirla con tus hijas o, a falta de que puedas ser tú quien la dinamice, que consigas un buen apoyo para que la realicen. Para ellas, tu pareja y tú estaréis siempre juntas en su interior, porque es allí donde os han colocado a los dos. Tratar de separarlos de su padre o de su madre es como si partieras en dos su corazón, con todo el dolor que conlleva.

La tecnología va en detrimento del contacto interpersonal y de las relaciones sociales in vivo.

Tecnologías: televisión, tablets, videojuegos, ordenadores, móviles, etc.

Escribir sobre tecnología en el momento histórico en el que vivimos puede traerme muchas personas adeptas y muchas detractoras. Créeme que no pretendo ni una cosa ni la otra, sencillamente trataré de transmitirte lo que desde la visión de la psicología evolutiva implica el uso de aparatos tecnológicos.

La mayoría de vosotros probablemente viviréis con televisor, teléfono móvil (uno por persona adulta como mínimo), ordenador, *tablet*, y puede que también haya videojuegos entre los aparatos que conforman tu vida diaria. Puede que tengas uno, varios o incluso todos estos *gadgets* en tu hogar. Como comprenderás, si en el espacio en el que convives con todo esto nace un hijo, va a familiarizarse con toda tu tecnología desde el momento inicial de su vida. Es lógico pensar que en un entorno en el que estos aparatos se usan cotidianamente, los niños que allí vivan van a integrarlos como parte de su realidad y van a considerar que tienen todo el derecho de usarlos como les plazca. No van a diferenciar entre su mordedor y tu teléfono de último modelo. A la hora de llevárselo a la boca todo vale. Tampoco van a comprender, de entrada, por qué no pueden quedarse sentados todo el rato que quieran delante del televisor, ni por qué no pueden encender la *tablet* cuando les plazca.

Si tienes hijos, te habrás dado cuenta de que censurar completamente el uso de los aparatos electrónicos es una quimera inalcanzable. La sociedad, la escuela, las casas de familiares y amigos están repletas de ellos, y los niños los han integrado, completamente, en su día a día. En la actualidad es común ver a niños menores de un año imitando el gesto, tan observado en su entorno, de llevarse un objeto a la oreja, o de querer pasar las hojas de un cuento como si fueran las fotos que visualizamos en una *tablet*. Acciones que procesan constantemente a su alrededor. ¿Cómo no van a querer reproducirlas?

Los dispositivos electrónicos, sobre todo los que son para fines más lúdicos, están diseñados para generar adicción. Los sistemas operativos son muy intuitivos y se aprende su funcionamiento rápidamente. La forma y las animaciones que usan son vistosas y apetecibles a la mirada; desde los sonidos que emiten, hasta las imágenes de cada aplicación tienen un sentido de marketing. No es de extrañar, pues, que estemos tan enganchados a ellos. Para los niños, ya en edades tempranas, es un juguete incomparable. El cerebro de tus hijos pequeños está en plena explosión evolutiva. Durante los primeros tres años va a realizar el mayor número de conexiones neuronales de su vida, y claro, todo lo que sea nuevo, interesante, apetecible de ser descubierto, es potencialmente susceptible de generar enganche. No es que tu hijo tenga un problema si constantemente te pide tener acceso a la tecnología, sino que tal vez deberías preguntarte esto:

→ ¿Estoy, como madre o padre, haciendo un **uso excesivo** de la tecnología delante de él?
→ ¿Dedico suficiente espacio al juego con ellos?
→ ¿He usado o uso la tecnología como **recompensa o distracción** de manera habitual?

Voy a tratar de elaborar un poco más cada una de estas tres cuestiones, porque, aparte de lo expuesto anteriormente, es aquí donde radica el gran quid de la cuestión.

va a amoldarse a lo que recibe, sosteniendo su miedo a ser abandonado, o, por el contrario, va a rebelarse y buscar sistemas de queja que le reporten la mirada que tanto anhela.

A medida que tus hijos van creciendo, aunque salgan de esa fase ocular, van a seguir necesitando tu presencia y disponibilidad. Estarás de acuerdo conmigo en que la tecnología nos acostumbra a «secuestrar» a menudo y perdemos de vista las necesidades auténticas de nuestros hijos. Los adultos vamos cansados, estresados tratando de seguir un ritmo impuesto por la sociedad neoliberal en la que vivimos. Lo sé, y te comprendo. A la vez, déjame decirte que la ausencia de momentos de calidad con tus hijos les genera una demanda que cada vez va a ser mayor si no le ponemos remedio. A ellos nadie les ha explicado que su madre o su padre tienen tanto trabajo que no pueden jugar con ellos todo el rato que necesitan. Ellos no entienden de salarios, *deadlines, burnt out* ni hipotecas. Ellos entienden de juegos, risas, cosquillas, paseos por la playa, historias junto al fuego, paseos en bici interminables, baños de espuma, etc., y somos nosotros quienes debemos poder adaptarnos a sus demandas. Somos los adultos y tenemos la capacidad para ello. Negarle reiteradamente a tu hijo el derecho de tenerte disponible es hacer más grande el espacio interno donde reside el vacío. Te propongo que antes de refugiarte de tu día detrás de tu teléfono móvil y de conectarte a las redes sociales, llenes la bañera y juegues con tu hijo imaginando que estáis en la playa más maravillosa que te puedas imaginar. Ya me dirás si después de hacerlo todo es más suave con tu crianza.

Todos sabemos que lidiar con los momentos difíciles de nuestros hijos es, en ocasiones, agotador. Si a esto le sumamos las obligaciones y las prisas a las que estamos sujetos, nos encontraremos ante una situación que va a requerir mucho empeño, paciencia y templanza. Muchas veces, ante tal escenario, las personas adultas optamos por encontrar la solución más fácil para desenmarañar tal lío: les damos el teléfono o la *tablet* para que se callen, se calmen, dejen de patalear, estén contentos, etc. Si esto lo usas de forma puntual, te va a servir a ti y no va a crear «jurisprudencia» en tus hijos. Ahora bien, si este recurso es el habitual, es muy importante que tengas en cuenta lo que te voy a decir a continuación.

Solucionar asiduamente situaciones en las que tus hijos están conectados con el malestar, la frustración, la rabia, la tristeza o la incomprensión —entre otras muchas cosas— con la tecnología es muy arriesgado. En estos momentos de dolor, lo que más necesitan tus hijos es tu presencia, tu mirada de apoyo y tu comprensión. Necesitan saberte fuerte para sostenerles en sus momentos duros, porque es a través de tu acompañamiento como ellos van a aprender a autorregularse en momentos futuros. Tu ejemplo será una de las mayores influencias que tus hijos van a tener a lo largo de su vida, y es básico que comprendan que los adultos que les cuidan están preparados para gestionar las situaciones que les va a tocar vivir. Con esto no digo que tengas que solucionar sus momentos difíciles. Lo que quiero decirte es que tu solidez como adulto va a darles el mensaje de que estás ahí para lo que les gusta (y te gusta) y lo que no les gusta (y te cuesta).

Usar la tecnología como distracción les evita transitar la experiencia difícil que atraviesan, con lo cual dejan de tener la oportunidad de desarrollar herramientas de gestión de sus complicaciones vitales. Además, se desconectan de la situación muy rápidamente a nivel consciente, pero por debajo de esta capa de la realidad, en sus niveles más subconscientes, la situación de malestar no ha quedado resuelta y ello va acumulando malestar interno. Esta suma de momentos no cerrados puede hacer que tus hijos estén mucho más irritables y tengan comportamientos más explosivos a lo largo de su día a día.

Aparte de estos tres puntos anteriores, es importante que comprendas que **la tecnología va en detrimento del contacto interpersonal y de las relaciones sociales *in vivo***. Está demostrado que las habilidades sociales, el desarrollo de la empatía y la forma de resolver los problemas se obtienen a partir de la exploración del entorno, la interacción con sus iguales, la relación con los adultos y los juegos no estructurados, como los que pueden darse en un bosque, en la playa, con el agua y la tierra, con cajas de cartón, maderas, etc.

Para este capítulo, la dinámica que te propongo es la siguiente:

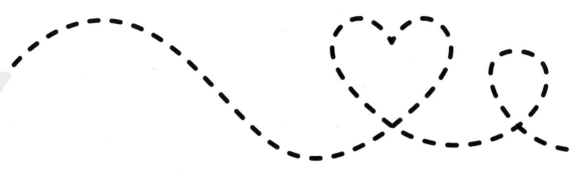

JUEGO EN FAMILIA: EL MOMENTO MÁGICO

Para este juego necesitas algo muy importante: tener un tiempo de calidad con tus hijos. Cuando te hayas dado cuenta de la importancia de lo que te pido, te voy a pedir que reserves un poco de este para la próxima vez que tus hijos te pidan la *tablet*, el móvil, el ordenador o lo que sea que te pidan. En lugar de decirles que sí, o de decirles que no, les vas a decir algo así como: «Mira, hijo, me doy cuenta de lo mucho que te gusta jugar con la *tablet* [por ejemplo], pero también me doy cuenta de lo poco que jugamos los dos últimamente. Echo de menos pasar más rato contigo, divertirnos juntos, reírnos y pasarlo bien. Antes de dejarte jugar a la tablet te propongo que escojamos uno de los juegos de este libro para hacerlo juntos. Vamos a cerrar los ojos y a pasar las páginas como si fuera un abanico. Cuanto tú digas *iya!*, voy a parar y haremos el juego del capítulo que haya salido».

Si no quiere jugar a esto, proponle que escoja a qué quiere jugar contigo que no implique tecnología. Si conoces bien a tu hijo, sabrás cuáles son sus gustos y actividades favoritas: patinar, la piscina, los puzles, correr, los castillos de arena, etc. Dedícale un buen rato de calidad, comprometido, atento, presente y sin juzgarle. Y después me cuentas cómo ha ido. ¿Trato hecho?

Otra actividad que puedes hacer para compartir este Momento mágico es, entre los dos y cuando tu hijo tenga la edad suficiente para ello (probablemente no serán niños menores de seis años), crear una gran pantalla de televisión con cartones y diseñar la programación que después vais a representar: podéis crear un telediario con las cosas que os han pasado (o inventadas), preparar una obra de teatro, un espectáculo de chistes, etc. A los niños les encanta sentirse protagonistas por un rato, y si encima tienen una pantalla de televisión tamaño gigante, ¿qué más pueden querer?

Prueba de qué manera puedes reconectar con tus hijos, de qué forma podéis interaccionar para que su necesidad de abstraerse con la tecnología quede en un segundo plano y sepa que, cuando lo necesite, vas a hacer lo posible para estar a su lado, acompañándole con amor y respeto.

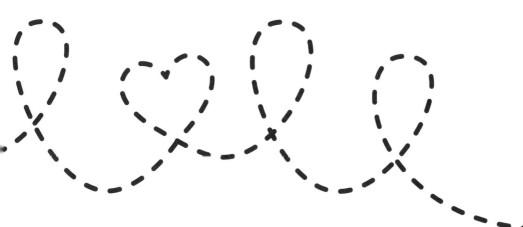

El género
es una sensación íntima
definida por la interacción
con el entorno.

Género

El concepto de *género* lleva asociada una gran complejidad debido a la carga social y cultural dentro de la que vivimos. En este capítulo voy a introducir las principales premisas sobre cómo enfocar el género desde la primerísima infancia para proporcionar herramientas a los padres y las madres en el acompañamiento de esta temática. Para ello va a ser imprescindible un paseo por nuestros esquemas mentales adultos. Sin revisar con qué filtro miramos el mundo, ya sea en el ámbito del género como en todos los demás, será imposible comprender qué carga o mensaje estamos traspasando a nuestros hijos e hijas.

Antes de empezar, y como ya te anunciaba en la introducción, debes saber que la intención de este libro es la de incluir todos los géneros que van manifestándose socialmente. Cierto es que partimos de un binarismo muy extendido en el que tan solo se consideran el género femenino (mujer) y el masculino (hombre). Entre una polaridad y la otra, existe un abanico de opciones no binarias y totalmente válidas que se saldrían del propósito de esta obra. Para ello te remito a lecturas específicas sobre el género en nuestra sociedad.

Como has podido observar, en el libro cada capítulo está escrito, íntegramente, usando un género binario diferente: uno en femenino, otro en masculino. Con esto ni trato de confundirte, ni tampoco de excluir a todos aquellos géneros que quedan fuera de los extremos del cisgénero, tan solo hacer visible que las cosas no siempre son tan sencillas como parecen, y tal vez, entre tantas

---

Judith Butler, Leslie Feinberg, etc.

Término que se utiliza para describir a personas cuya identidad de género y género asignado al nacer coinciden.

a y tantas *o*, podemos comprender que las personas somos mucho más que etiquetas rosas y azules, y no por ello debemos ser juzgadas y estigmatizadas.

Muchas veces se ha tratado de equiparar el sexo con el género. Las teorías más biologicistas así lo postulan. Es decir, que si al nacer tienes genitales femeninos —vulva y ovarios— se te asigna el género de mujer, y si al nacer los tienes masculinos —pene y testículos— se te asigna el género de hombre. La bioquímica de tu aparato sexual es la que te condiciona para que tu actuación vital encaje con los atributos de uno de los dos ejes binarios. Así había sido por los siglos de los siglos en sociedades blancas judeocristianas, pero una mirada antropológica nos lleva a descubrir otras formas de acompañar la gestión del género en sociedades indígenas. De esta forma nos encontramos con los *two spirits* de las sociedades norteamericanas; las personas *hijra* en la India; las *muxes* de la cultura zapoteca; las *bacha* de Oceanía, etc. Incluso se relata que en ciertas culturas las personas transitaban de un género al otro a lo largo de su trayectoria vital.

¿Te sorprende? Tal vez sea porque en nuestra mente dual —hombre, mujer— necesitamos nombrar el género con el que nos sentimos identificadas, y no concebimos otra etiqueta que las dos polaridades cisgénero. Pero si nuestra concepción del género no fuera «o todo blanco o todo negro», probablemente comprenderíamos que las personas podamos identificarnos con determinados atributos que la sociedad sexista consideraría fuera de la norma. Así, a lo largo de nuestra existencia, podemos adoptar roles que se consideran más masculinos, para luego adoptar roles considerados más femeninos sin que para ello debamos colgarnos una etiqueta que nos defina: tan solo somos personas experimentando posibilidades distintas.

Las teorías más culturalistas definen el género como una sensación más íntima definida por la interacción con el entorno, independientemente de tus genitales. Así, la forma como eres criada como persona, el entorno en el que vives y los *inputs* que te influyen durante tu etapa de crecimiento y desarrollo son lo que va a determinar en qué lugar del espectro polar dentro del con-tínuum binario hombre-mujer te colocas.

Permíteme decirte que estamos hablando de dos teorías opuestas que tra-tan de establecer cómo se construye la identidad de género. Ante tal diferencia, vamos a intentar no hacer dogmatismo e integrar la posible validez de cada una de ellas. Lo que es interesante es que puedas observarte a ti primero y acoger qué cuestiones se te plantean al tratar este tema. Una vez que puedas ubicar tus ideas, será importantísimo que puedas acompañar a tus hijos en su proce-so de construcción de su propia identidad siendo consciente de los mensajes que pueden estar recibiendo de tu propio ejemplo y del entorno que los rodea, y comprendiendo que, en muchos momentos, llegarán a manifestar opiniones y comportamientos distintos a los que son de tu agrado.

La construcción de la identidad de género de tus hijos es un proceso que toma su tiempo y que empieza en una etapa muy temprana de sus vidas. Me atrevería a decir que se gesta desde el momento mismo de la concepción, con el deseo de tener un hijo o una hija, y con todo el abanico de conceptos que aparecen ligados a cada uno de los géneros. En algunos casos sigue existiendo preferencia por un sexo determinado, y esta expectativa genera una impronta muy grande en los bebés. Parece que atrás quedó la tendencia generalizada de las habitaciones completamente rosas o azules, aunque actualmente la carga de género sigue viva e impresa en dibujos, juguetes, ropa, actividades, compor-tamientos, etc. Seguimos diferenciando qué es lo que puede hacer un niño, qué cosas deben hacer las niñas y cuáles no son permitidas según el género con el que les definamos.

En este capítulo te propongo una actividad para que en familia podáis co-nocer más cómo definís los géneros que os propongo.

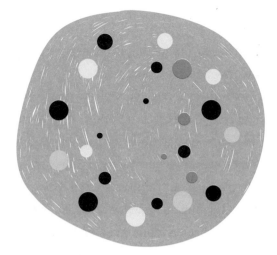

Para este juego te voy a pedir que prepares unas cuantas tarjetas.

El primer montón tendrá actividades diversas: pintar, saltar, correr, dormir, bailar, reír, comer, vestirse, bañarse, nadar, hacer cosquillas, ir en bici, llorar, patinar, enfadarse.

El segundo montón, oficios: bombero, maestro, doctora, músico, maquinista de trenes, cocinero, piloto de avión, deportista, vendedor de ropa, mecánica, inventora, enfermero, pintora, socorrista, zapatera.

El tercer montón tendrá cuatro tarjetas dibujadas: la primera será la de un niño con pene, la segunda la de una niña con vulva, la tercera la de un niño con vulva y la cuarta la de una niña con pene.

¿Te extraña? La transexualidad es una condición que también aparece en las etapas infantiles cuando tu hijo manifiesta una convicción clara de pertenecer al género opuesto al que tú le has asignado por sus genitales. Diferente es la necesidad de explorar juegos, actividades, vestimenta, etc., que son catalogados como del género opuesto al de tu hija. En etapas infantiles explorar todas las opciones posibles es importante y natural. La transexualidad va más allá de este juego de experimentación. Cuando tu hijo te pide reiteradamente que le cambies el nombre, que quiere ser niño, si lo has definido como niña, o viceversa, tal vez es hora de que le escuches con atención y busques el apoyo de asociaciones especializadas en esta temática para que puedan acompañarte. Es comprensible que como madre o padre no te hayas llegado nunca a plantear esta posibilidad, aun así, no significa que no exista y que no sea importante hablar de ello.

Unas líneas antes te hablaba de la mirada binaria con la que vivimos socialmente: parece que solo se puede ser hombre o mujer. También te contaba que cada uno de estos géneros viene definido por ciertas conductas que se consideran adecuadas y otras que no. Las mujeres lloran y los hombres gritan, por ejemplo. Una mujer que expresa la rabia puede ser tachada de mujer histérica, y un hombre que llora, de nenaza. Ser una mujer que muestra su fuerza es ser una marimacho, y un hombre demasiado débil, un flojo. La forma de vestirse, maquillarse, adecuarse a una profesión, etc., viene definida según el género con el que te definas y el sexo que tengas. Imagino que si viviéramos en una sociedad no sexista, donde todos estos atributos no dependieran del sexo con el que naces y, por ende, con el género que se te asigna, tal vez las personas no necesitaríamos definirnos ni etiquetarnos. Es probable que, entonces, los hombres que quisieran podrían llevar falda y mostrar su sensibilidad, a la vez que las mujeres podrían dejarse bigote y jugar al fútbol sin camiseta. ¿Te lo puedes llegar a imaginar?

Los niños y las niñas alrededor de los tres años entran en la etapa genital. En esta etapa el interés se centra en sus características sexuales primarias: vulva y pene. Les encanta explorarse esta zona y les provoca mucho placer. Esto que a las personas adultas nos cuesta tanto de sostener por momentos es una etapa necesaria y muy natural de la infancia. Si castramos la tendencia natural de las niñas a estimularse, propiciamos una represión genital que van a acumular a lo largo de su proceso madurativo y les va a conllevar dificultades en etapas posteriores respecto a su sexualidad y a sus relaciones con iguales.

La etapa genital genera un abanico de juegos con uno mismo y con iguales que debemos acompañar y permitir, asegurándonos siempre que son juegos adecuados y deseados por todos lados.[27] Es a partir de esta etapa cuando las personas empezamos a sentirnos definidas por un género determinado y así lo queremos mostrar. Es común en este estadio que niños y niñas sientan el deseo de disfrazarse con atuendos que las personas adultas que los rodean consideran que son propios del género contrario. Así, tenemos niños vestidos de princesas y niñas de piratas; esto debería ser totalmente aceptado sin ningún tipo de reparo, puesto que tan solo están experimentando con las múltiples posibilidades que el entorno les brinda. Si tu hijo quiere cambiar de género, te lo va a decir sin tapujos, ya que, de no haber censura, van a poder expresar lo que para él/ella es natural. Recuerda que en esta etapa infantil no existe la moralidad que rige el mundo adulto y no comprenden la castración que les aplicamos en este tipo de situaciones.

El juego de ¿Quién soy? te permite explorarte en tus conceptos adultos, a la vez que posibilita una educación mucho más respetuosa con el género de cara a tus hijos. Transformar las premisas y las limitaciones sexistas con las que vivimos el día a día es una tarea de cada hogar y familia. Poder cambiar los lazos invisibles que nos censuran a todos y todas es indispensable para que las futuras generaciones sientan que su capacidad de elección es mucho más amplia.

Este juego está pensado para niños y niñas mayores de cuatro años, para asegurarnos de que ya han establecido contacto con su etapa genital. Para niños y niñas que no saben leer, estaría bien que las tarjetas, a parte del texto, tuvieran una imagen que les permitiera identificar la acción por realizar. Las cartas de los oficios no las recomiendo para niños y niñas menores de siete años. Las cartas que definen los cuatro géneros debemos usarlas en todas las partidas, sean de la edad que sean los niños que juegan.

---

27. Para más información al respecto te remito a la lectura del manual pedagógico del cuento *Clara y su sombra,* que puedes encontrar gratuitamente en esta página web: www.claraysusombra.com

La dinámica consiste en lo siguiente: una vez que tengas creados los montones de cartas, tienes que mezclar bien cada uno por separado (no los mezcles entre ellos) y colocarlos cara abajo para que no se vean los dibujos ni las palabras. Dos montones para niños de cuatro a siete años, y los tres para niños mayores de siete años. Cada participante deberá coger, en primer lugar, una carta del montoncito del género, y después una carta de uno de los montoncitos que queden: para niños de cuatro a siete años solo habrá el montón de las acciones, y para niños de más de siete años habrá el de los oficios también. En este último caso, cada participante deberá escoger si quiere carta de la «acción» u «oficio».

De esta forma, la persona que tiene el turno se queda con dos cartas en su mano y tiene que realizar la acción en función del género que le toca representar. Por ejemplo: Lorenzo escoge una carta del montoncito del género y le sale una niña con pene. La carta de su acción es la de saltar. Así se queda en su mano con las dos cartas, y la consigna es que debe saltar según él cree que lo haría una niña con pene.

A los niños más pequeños les podemos ayudar con la consigna preguntándoles: «¿Cómo crees que saltaría una niña con pene?». Y vamos adaptando la pregunta según las cartas que vayan surgiendo.

Para poder realizar este juego es importante que puedas estar ubicada y relajada con la temática. Si como adultas las personas no estamos seguras de lo que pensamos y sentimos, es probable que lo que vayamos a transmitir sean un gran lío para los más pequeños. Existen libros muy clarificadores acerca de todos estos conceptos.

La finalidad de esta dinámica es que toda la familia podamos empatizar con los diferentes géneros que existen, y darnos cuenta de que sentirse niño o niña no depende del tipo de genitales con los que hayamos nacido .

Dibujando el género, de Gerard Coll-Planas.

Aunque existe todo un abanico de posibilidades más amplio fuera del modelo binario cisgénero, los niños van a poder profundizar en este concepto en otras etapas de su desarrollo, siempre y cuando los adultos que los acompañemos tengamos la apertura necesaria para ello.

Lo más probable, si el acompañamiento de los niños ha sido respetuoso y poco castrante en referencia al género, es que al realizar tanto acciones como oficios el resultado sea el mismo para cualquiera de las cartas de género que has creado. De esta forma, al plantearles este juego, pueden quedar extrañados al tener que diferenciar acciones y oficios entre niños y niñas, puesto que, en definitiva, se realizan no tanto dependiendo del género, sino de la propia idiosincrasia de quien lo haga. No es lo mismo saltar si eres *masái* que si eres una persona con dificultades de movilidad debido a tu peso. Tampoco es lo mismo manipular un cuchillo si tienes coordinación para ello, que si no la has adquirido todavía, etc. Y todo eso, no depende de si eres niño o niña.

Las imágenes de las tarjetas que representan el género te van a servir para introducir el concepto de transexualidad[30] a tus hijos. Puedes explicarles que hay niños con pene y con vulva que se sienten de la misma manera; igual que hay niñas con vulva y con pene que viven igual.

La complejidad llega más tarde, cuando les puedes explicar que ser niña o niño no depende del tipo de genitales que tengas, sino de cómo tú vives tu propia identidad. Cómo te defines no debería depender de tus genitales, aunque en la sociedad actual, el género oficial viene, todavía, definido por tu apariencia externa, es decir, tus características sexuales tanto primarias como secundarias.

Soy consciente de que este capítulo puede generar incomodidad, rechazo y un sinfín de preguntas, entre otras muchas reacciones. No es fácil romper los esquemas mentales, y tampoco tienes que hacerlo si no es tu camino, solo pretendo darte a conocer qué herramientas puedes usar con tus hijos si quieres trabajar este concepto de una manera más amplia.

---

30. Término usado para designar a las personas cuya identidad de género y género designado al nacer, **no** coinciden.

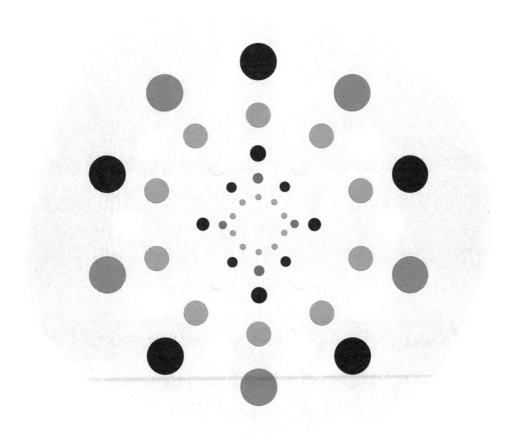

El mode
y valida

es lo que va
de a

e gustaría acabar este libro con un capítulo dedicado a las despedidas, más en concreto a los rituales que socialmente usamos para saludar y despedirnos de las personas, y cómo este *savoir faire* se lo inculcamos a nuestros hijos.

¿Cuántas veces habrás escuchado, o dicho, eso de «¡Alberto, dale un beso a tu abuela que nos vamos!»? ¿Cuántas veces habrás pedido a tu hijo que salude educadamente? ¿Y qué es saludar educadamente para ti?

Es importante que puedas plantearte todas estas preguntas, puesto que en este capítulo vamos a poner encima de la mesa qué es lo que tus hijos comprenden cuando se ven obligados a comportarse de una forma que no es espontánea ni natural para ellos. Tal vez la palabra *obligar* te suene demasiado dura aquí. Podrás alegar que los niños tienen que aprender que en nuestra sociedad las personas se saludan con contacto físico, con besos, abrazos, encaje de manos, etc. Y sí, ¡claro!, lo puedo comprender porque soy adulta y estoy preparada para interiorizar las convenciones culturales. Pero ¿crees que un niño puede procesar toda esta información? Te voy a responder: no, no puede, ni debería hacerlo.

Si has llegado hasta estas páginas ya sabrás que, en la etapa del desarrollo infantil, las personas atravesamos un estadio muy egocentrista que nos facilita una visión del mundo centrada en nosotras mismas. En este momento vital, los niños expresan sus preferencias y se quejan si algo no les gusta. Es importante que esto suceda porque favorece su autodeterminación y la construcción de su propio criterio personal. Es alrededor de los dos años de edad cuando esta fase de enfados y pataletas despierta con mayor fuerza. Cuando un niño no experimenta esta etapa de diferenciación y confrontación, puede ser por varios motivos, y uno de ellos es la domesticación a la que probablemente ha estado inmerso. Desde pequeños, los niños anhelan, por encima de todo, pertenecer y ser reconocidos. Como ya venimos explicando, para lograrlo, son capaces de censurar tendencias propias, exagerarlas o ambas cosas. Cuando esto sucede, nos encontramos con niños que no están centrados en un **desarrollo de dentro hacia fuera**, en un proceso de crecimiento exponencial que les lanza al mundo y en el que aprenden a ser aceptados por lo que son; cuando la castración o la exageración de conductas aparece, esos niños están centrados en un desarrollo que se dirige del exterior —entorno, madre, padre, familia, etc.— al interior. Están totalmente pendientes de las necesidades del entorno, de la disponibilidad de sus figuras de referencia, del estado anímico de quienes le rodean para colocarse. Aprenden que deben censurarse o exagerar su necesidad para ser vistos y mirados, en definitiva, para ser aceptados. Cuando los niños actúan así, estamos ante una adultización precoz de la infancia, puesto que ellos deben ser, al menos en su etapa de primerísima infancia, niños libres y conectados con sus necesidades auténticas, y no seres con las antenas puestas constantemente pendientes del entorno para poder ser.

Alrededor de los dos años, pues, los niños necesitan reafirmarse en lo que quieren y necesitan, aunque al entorno le guste o no. Es una etapa necesaria y determinante para su posterior construcción de la personalidad y, cargados de comprensión y paciencia, los adultos debemos permitirla. Cuando un niño no se reafirma en esta etapa —como decía anteriormente—, puede ser porque haya tenido que ceder y castrar muchas partes de sí mismo para pertenecer, y lo ha hecho en una etapa muy precoz. Por el contrario, si su manera de ser visto ha sido usando la estrategia contraria, lo que vas a encontrarte alrededor de sus dos años va a ser una reacción exagerada ante cualquier contradicción a sus deseos, por más triviales que parezcan, ya que su manera de llamar tu atención es mediante su malestar.

Te estarás preguntando, ¿por qué me cuentas todo esto ahora? Pues bien, me parece fundamental comprender por qué tus hijos pueden estar negándose, o no, a tu decisión de que deben dar besos y abrazos para saludar y despedirse. Un niño que desde pequeño ha sido obligado a establecer contacto físico, aunque no quisiera, será un niño que se habrá acostumbrado a no escuchar su *sensor de apetencia al contacto*, es decir, su parte instintiva que le pide estar solo en brazos de quien le apetezca estará desactivada. De esta forma, no tendrá ningún problema en dar besos y abrazos indiscriminadamente porque ha aprendido que, siendo así, es mirado.

Si por el contrario tu hijo ha recibido la mirada solamente cuando se quejaba o estaba conectado con el displacer, es probable que ceda a los besos y abrazos por chantaje —si me das un beso, te doy un caramelo, o si abrazas a la tía, después iremos a comer helado—, o se enzarce en una pataleta descomunal cada vez que le pidas que se despida de esta forma. Probablemente su naturaleza rebelde le ha enseñado que complacerte implica que no estés tan pendiente de él porque «no da problemas», y su necesidad primaria de encontrar tu mirada cada vez que abría los ojos le ha conducido a encontrar la forma de reclamo que mejor le sirva.

Te estoy hablando de dos polos muy diferenciados, y es normal que sientas que tu hijo está entre estos dos tipos de comportamientos: un día actúa de una forma, otro de otra. Y es natural, y lo más sano es que vaya explorando entre el abanico de posibilidades que más se acerquen a lo que necesita.

Cuando hablamos del tema de los rituales del saludo, debemos tener claro que en el proceso de sociabilización de nuestros hijos muchas veces no respetamos sus propios ritmos y deseos. Pasa lo mismo con la escolarización precoz, con la necesidad de que duerman solos de bebés, o con la carga moral que ponemos en sus acciones infantiles. Es muy importante educar a los niños con una base firme de respeto hacia ellos mismos. El cuido hacia la propia persona debería ser algo a preservar en todos los ejes educativos: **que**

puedan colocar su nutrición interna en un lugar destacado de su trayectoria vital depende de cómo les hemos permitido cuidarla desde muy pequeños.

Igual que decíamos que no hay que obligar a comer a los niños,[31] no debemos obligarles a establecer un contacto físico cercano con quienes no desean hacerlo. Un beso o un abrazo son exposiciones corporales muy íntimas que los niños, en ocasiones, viven como una amenaza. Acostumbrarlos a este tipo de interacción con otras personas sin su deseo auténtico es enseñarles que su percepción del mundo y su sistema de protección no son los adecuados.

En una sesión de acompañamiento familiar, traté con una familia que tenía una hija de siete años. La niña estaba totalmente sobreprotegida por la madre, quien temblaba ante cualquier peligro potencial al que la niña se veía expuesta: resfriarse si jugaba sin chaqueta, cortarse con un cuchillo si cortaba su fruta, caerse por la calle si caminaba demasiado rápido, etc. Además tenía una gran necesidad de manipular cualquier decisión que la niña tomara: ropa que se ponía (no toleraba que vistiera con pantalones), los juguetes con los que podía jugar, cuándo sonarse los mocos, cuándo ir a hacer pipí, etc. Cualquier situación era motivo de protección y control de la madre, quien estaba educando a una hija llena de miedos ajenos. Un día, en sesión clínica con el padre y la madre, hablamos de cómo su hija se negaba siempre a dar besos a los abuelos y que tenían que chantajearla o reñirla hasta que lo conseguían. Durante el rato que compartimos traté de explicarles lo importante que era respetar a su hija en sus deseos auténticos, y en ir descontaminando —obviamente no usé este término— la influencia de nuestros valores en su forma de actuar. Les hablé de lo importante que era que pudieran preservar su escucha interna, puesto que eso sería lo que haría de ella una mujer adulta con criterio en la vida. Estuvimos un rato traba-

---

31. Para más información vuelve a leer el capítulo *Comida*.

jando la autonomía, a lo que la madre, al final, me contestó: «¡Ah, no! Yo ahora quiero que mi hija sea una princesita, pero que cuando tenga dieciocho años ¡pueda plantar cara a quien se lo merezca!».

Cuando trabajo la prevención de los abusos en familias en etapa de crianza, este tipo de respuestas son bastante comunes. La madre o el padre que quieren que su hijo les haga caso y se porte bien, pero que confían en que, de adolescente, tendrá la capacidad de escucharse y saber qué es lo que le va a hacer bien y que no. Ante esto, les digo que la conexión o la desconexión con su *sensor de apetencia y cuido* se gesta en su etapa infantil, y tiene que ver con la oportunidad que las personas adultas les damos para que estén conectados con aquello que les genera bienestar interno. Obviamente, y si estás en este capítulo lo tendrás claro, la apetencia infantil no es siempre posible, ni adecuado, satisfacerla. Los niños deben crecer con límites, eso sí, amorosos y respetuosos, acompañados por adultos sensibles que sepan comprender cuáles son las necesidades auténticas de cada etapa vital del desarrollo, y cómo limitar sin castrar. Pero más allá de las demandas cotidianas que necesitan ser reconducidas, el modo en que miramos a nuestros hijos y validamos sus sensaciones más internas es lo que va a mantener disponible su capacidad de autocuido y autorregulación.

Para este capítulo te propongo un juego muy divertido en el que, conjuntamente, vais a tomaros un rato para poder gestionar el tema de las bienvenidas y las despedidas.

Para más información acerca de los límites puedes leer de nuevo el capítulo *Límites*.

JUEGO EN FAMILIA: BÉSAME MUCHO (CUANDO QUIERAS)

El título del juego ya lleva implícito su contenido. La propuesta es poder atender la demanda de no querer dar besos o abrazos de tu hijo sin que, por ello, perdamos el ritual social de saludar y despedirnos.

Es importante que comprendan que las personas, como seres sociales y empáticos que somos, tenemos rituales de saludo y despedida cuando nos encontramos. Cada cultura tiene una forma propia de hacerlo, y en la nuestra es mediante el contacto físico: un encaje de manos, besos, abrazos, palmadas, etc. Pero ¿cuántas veces le has dado un beso o un abrazo a alguien sin tener ganas? ¿Puedes recordar la sensación corporal de haberlo hecho cuando no querías? ¿Qué sabor te queda después de haberte forzado a hacerlo? Todo esto también le sucede a tu hijo, y por su edad, tiene menos recursos de control y menos comprensión del motivo por el que lo hace. Recuerda que la parte de nuestro cerebro que nos permite autorregularnos acaba de desarrollarse alrededor de los veintiún años. ¿Les pedimos que controlen sus ganas de sacudirse de encima a esas personas que les dan besos? ¿Cómo pueden hacerlo sin castrar su mecanismo de seguridad interno?

A medida que los niños van creciendo, comprenden que hay personas que desean un contacto más cercano al que ellos quieren darles. Para poder abrirse a ello sin sentirse amenazados, necesitan muchas experiencias de vida que les indiquen que aquello que les piden desde fuera no es peligroso ni dañino. Cuando van ganando la capacidad de empatía, pueden comprender que los deseos de los demás también son válidos y, en ocasiones, pueden ceder a las demandas externas aunque no surjan de ellos mismos. . Cuando el mecanismo se activa de dentro hacia fuera —del «darse cuenta» a la acción—, es sano y signo de madurez. En cambio, cuando este mecanismo es impuesto por el exterior adulto, apaga el potencial de escucha interna.

Las normas de sociabilización las van a ir integrando a lo largo de su desarrollo madurativo. Los saludos también, aunque puede que no cedan siempre a dar besos a quien no quieran, como muchas personas adultas hacemos. Pero en su etapa infantil, sobre todo en la primera parte de esta, es muy importante respetar sus necesidades de acercamiento o alejamiento físico de personas. Validarles que no quieran establecer un contacto con otras personas simplemente porque no lo desean y no porque sean malos o desobedientes permite ampliar su confianza en sus pulsiones internas.

En este juego, de lo que se trata no es de presionar a los niños para que saluden o se despidan a tu manera, sino de tratar de explicarles que las demás personas esperan algún tipo de señal comprensible para el ritual de saludo y despedida. Es importante que comprendan que abrir y cerrar procesos ayuda a establecer cadencias en la comunicación y nos permite, como seres humanos que somos, comprendernos más los unos a los otros. De la misma forma que debes avisarlos con tiempo para cambiar de actividad, o para ir a comer, o para salir de un lugar, ellos pueden comprender que también pueden hacerlo con los demás.

Esta dinámica te va a ayudar a ti y a tu hijo a diseñar posibles formas de saludar y despedirte de las personas con quienes interaccionas. Le puedes explicar algo así: «El abuelo necesita que le digamos hola y adiós. Comprendo que tú no quieras hacerlo con un beso o un abrazo, pero necesitamos encontrar la manera para que él también se sienta cuidado. ¿Cómo podrías decirle hola al abuelo? ¿Y adiós?».

En ocasiones los resultados son divertidísimos. Lo importante aquí es que no trates de manipular su creatividad e ingenio. Cuando lo he trabajado con niños, me encuentro con respuestas de todo tipo: «Pues le diré hola moviendo mi culo, y le diré adiós sacando la lengua» «Yo le diré hola haciendo las letras con mi mano, y adiós tirándole besos así de grandes (abriendo las manos y los brazos)», etc.

Permite que tu hijo te sorprenda con su propia manera de ritualizar estos momentos, y confía en que, a su debido momento, será capaz —si así lo desea— de tener rituales más cercanos a los tuyos.

¡A dejar volar la imaginación!

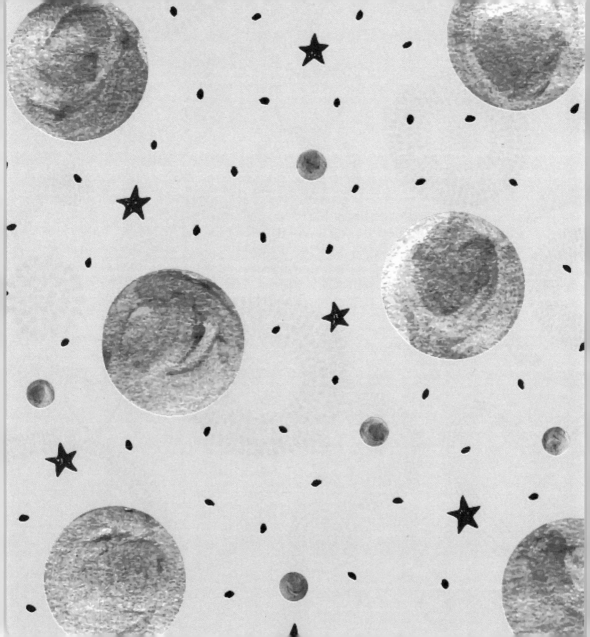

M e resulta extraño poner punto final a un camino tan profundo como el que aquí se abre. Me dijeron que escribir un libro era una oportunidad muy grande. Lo que yo no imaginaba es que estuvieran ocultos tantos regalos en este proceso. Ha sido un proyecto gratificante y poderoso, del que salgo más convencida que nunca de que la labor que desempeño como profesional tiene un sentido más amplio al del que mi comprensión abarca.

La crianza y los procesos que esta envuelve requieren de una mirada interna compleja y de una revisión personal a todos los niveles. Darnos cuenta de todo aquello que subyace en nuestros patrones educativos no es baladí. Para ilustrarte como yo lo veo, es como si el freno de tu coche no funciona y lo llevas al mecánico para que lo arregle. Cuando vas a buscarlo te dice que no es culpa del freno, sino de tu manera de conducir, que a la vez tiene que ver con tu forma de ver la vida, con tus miedos, con tu prudencia o imprudencia, con tu agresividad en la carretera, etc. ¿Te imaginas? Tú solo ibas a que te cambiara la pastilla de freno y te das cuenta de que, si no te transformas a ti misma/o, el problema nunca se va a solucionar y vas a gastar más dinero en arreglarlo del que nunca hubieras podido imaginar.

Salvando las distancias, lo que con este ejemplo quiero decirte es que tanto los problemas como los conflictos repetitivos y dificultades que tengas en relación con tus hijos e hijas —y en un sentido más amplio con la vida en general— dependen, en alguna medida, de tu forma de ser y de criar. Así que, como decía el mecánico, tienes dos opciones: revisar qué es lo que haces para poder explorar nuevos caminos que mejoren tu forma de conducir, o cambiar las pastillas de freno cada tres meses. Y solo tú puedes decidir cuál de las dos tomar.

Deseo que este libro te obsequie con la posibilidad de plantearte nuevas maneras de enfocar las dificultades en el día a día de tu crianza, con nuevas herramientas para cuando sientas que no tienes más, y con la esperanza de que si quieres, puedes. Si es así, me hace feliz.

Como comprenderás, una revisión de tal magnitud no puede acabarse aquí, con estas páginas. Creo que es necesario que lo que se abre con este libro siga vivo y vaya hacia delante, y que podamos encontrar aquello que buscamos para optimizar nuestra etapa de acompañamiento a la crianza. De modo que deseo que tu viaje, igual que el mío, no haya hecho más que empezar.

A lxs que vinieron antes y me allanaron el camino.

A lxs que vendrán después y seguirán tendiendo puentes.

A Rocío, mi gran editora, de quien siento una gran confianza y que me ha dado la oportunidad de plasmar en este libro mi mirada sobre la crianza y el acompañamiento familiar.

A Nico, mi amado compañero, quien con tu firme paciencia me has sostenido y alentado en las horas de trabajo delante de mi ordenador.

A mi madre, por ser mi primera lectora y un gran apoyo en todo este proceso.

A mi padre, por tu ferviente convicción en que podía lograrlo.

A mi hermano y a María, porque desde la distancia siempre estáis presentes.

A las familias y acompañantes de los proyectos de educación viva con quienes he tenido la gran oportunidad de compartir. Sin vosotras mi experiencia andaría coja.

A todas las familias que venís a Acompanyament Familiar en busca de apoyo y sostén en vuestros momentos difíciles. Gracias por confiar y entregaros a tan bello trabajo.

Y a todas aquellas personas —amigxs, profesionales, compañerxs— que creen en mí y hacen que este libro cobre más sentido, si cabe. Gracias.

¡Gracias!

Sobre la autora

Elisenda Pascual i Martí es una abanderada de la prevención como forma de promocionar la salud humana. Psicóloga, psicoterapeuta, escritora y fundadora del proyecto Acompañamiento Familiar (www.acompañamientofamiliar.com), desde donde acompaña familias en su proceso de crianza respetuosa. Tras licenciarse en Psicología por la Universidad de Barcelona, viajó a Australia para estudiar la cosmovisión ancestral del mundo aborigen. También se ha formado en Pedagogía Sistémica por el Instituto Gestalt, Constelaciones Familiares por el Instituto Integrativo y Psicoterapia Integradora Humanista por el Instituto Erich Fromm. Facilita talleres, formaciones, charlas y sesiones de asesoramiento familiar por todo el territorio estatal y es autora del cuento infantil Clara y su sombra, una hermosa historia sobre los niños que son víctimas de abusos. Es parte del equipo fundacional de la Fundación Inspira Educació (www.finsedu.org), desde la que promueve otra forma de ser y educar.